互联网金融
监管问题的研究

HULIANWANG JINRONG JIANGUAN WENTI DE YANJIU

丁箐岚　李钊　熊操　涂晶　著

四川大学出版社

项目策划：梁　平
责任编辑：梁　平
责任校对：孙滨蓉
封面设计：璞信文化
责任印制：王　炜

图书在版编目（CIP）数据

互联网金融监管问题的研究 / 丁箐岚等著. — 成都：四川大学出版社，2019.11
ISBN 978-7-5690-3199-7

Ⅰ. ①互… Ⅱ. ①丁… Ⅲ. ①互联网络—应用—金融监管—研究 Ⅳ. ①F830.2-39

中国版本图书馆 CIP 数据核字（2019）第 268911 号

书名　互联网金融监管问题的研究

著　者	丁箐岚　李　钊　熊　操　涂　晶
出　版	四川大学出版社
地　址	成都市一环路南一段 24 号（610065）
发　行	四川大学出版社
书　号	ISBN 978-7-5690-3199-7
印前制作	四川胜翔数码印务设计有限公司
印　刷	郫县犀浦印刷厂
成品尺寸	148mm×210mm
印　张	5.75
字　数	153 千字
版　次	2020 年 1 月第 1 版
印　次	2020 年 1 月第 1 次印刷
定　价	48.00 元

◆ 读者邮购本书，请与本社发行科联系。
电话：(028)85408408/(028)85401670/
(028)86408023　邮政编码：610065
◆ 本社图书如有印装质量问题，请寄回出版社调换。
◆ 网址：http://press.scu.edu.cn

四川大学出版社
微信公众号

前　　言

近年来，随着互联网、大数据以及区块链等现代信息技术的快速发展，以P2P网络借贷、供应链金融、网络银行、第三方支付和众筹融资等为代表的互联网金融业迅速崛起。互联网金融正以前所未有的速度推动着我国金融业的创新开放，并对现有的金融监管模式提出了全新的挑战。探索构建互联网金融监管模式、体系、制度，促进互联网金融高质量发展和切实有效地服务实体经济，已经成为当务之急。从某种程度上说，做好互联网金融监管将决定着互联网金融的未来。

正是在此背景下，本书按照“总—分”的结构谋篇布局，总论部分阐述了在新形势下加强互联网金融风险监管的重大意义，从互联网金融产品类型、金融与科技融合趋势、互联网金融风险复杂性和长期性、金融监管的滞后性等方面进行了概述，对当前我国互联网金融监管的新特征进行了综述，借鉴了国内外互联网金融监管的经验，再从实践入手，剖析了互联网金融面临的问题和新挑战。分论部分阐述了互联网金融基础理论，梳理了2015年以来的互联网金融监管政策，并分别从P2P网络借贷、网络银行、第三方支付、数字货币以及互联网供应链金融区块链技术等风险以及监管举措进行了详细的研究和阐述。

全书共七章，李钊主要负责总论和第一章，熊操主要负责第二、三、七章，丁箐岚主要负责第四、五章，涂晶主要负责第六章。

目　录

总论　互联网金融监管问题发展的新趋势

肇始于2008年的国际金融危机令所有人记忆深刻，再次暴露了在以资产支持证券、资产负债表外业务和信用违约互换等新工具为主导的金融体系下，传统金融监管措施所暴露的种种弊端和缺陷。金融创新在更新投资理念，拓宽投资渠道和覆盖更多行业的同时，也提高了投资品的信用风险和流动性风险的不确定性程度，加之我国金融体系自身发展的不健全、投资者的理性程度较低以及相关实体产业存在的各类运行风险，使得上述的金融风险在识别、控制和监管方面变得更加困难。2007年，以支付宝为代表的互联网第三方支付开始作为国内电商平台的主要支付渠道，开启了互联网金融产品在国内发展的急行军。进入2010年以后，这种步伐急剧加快，在短短的两三年时间内，形成了以互联网货币基金、P2P网络借贷、现金贷、网络众筹、网上银行以及区块链金融等为主体的互联网金融行业格局。2016年，互联网金融进入所谓的2.0时代，被更具概括意义的金融科技（Fintech）所取代。在近十年的国内互联网金融大踏步推进的背景下，“金融科技”的出现反映的是以互联网、云计算、人工智能、区块链等新兴技术的迅速崛起和实际应用所带来的金融领域的深刻变化，也反映出国内资金充裕度和流动性增强所带来的投资渠道多元化现象，但同时不能掩盖的是，新一波更为致命的金融泡沫和蕴藏的风险正强势来袭。例如：2015年12月，网络借贷平台e租宝信用违约事件爆发，资金链断裂，涉案金额达762

亿元；进入 2018 年上半年以来，善林金融（涉及金额 600 亿元）、唐小僧（涉及金额 800 亿元）、钱宝网（涉及金额 500 亿元）和联璧金融等互联网金融平台在不到数月的时间内接连出现的“爆雷”潮，受到社会的广泛关注和强烈质疑。我国进入经济新常态后，对互联网金融行业监管提出了更为紧迫的要求，新的监管思路必须遵循以下几条原则：采取主动式监管模式、注重较强的风险提示性和提高监管与互联网金融产品风险的相互匹配性。

第一节　经济新常态下互联网金融的发展趋势

经济新常态意味着我国的宏观经济增长从高速转为中高速，由过去主要由劳动和资本驱动的增长模式转变为主要由资本和技术共同驱动的增长模式，意味着消费结构升级、投资品种多元化、服务业比重逐渐上升。在这样的背景下，伴随着互联网技术的普及和不断创新，金融科技行业异军突起，成为国民经济新的增长点，在活跃了资本市场的同时，给传统金融行业的生存发展带来了新的机遇与挑战：①互联网金融平台的业务种类持续增加，除了第三方支付、基金电商、网络借贷、网上金融服务（含银行、证券和信托）等四类传统业务之外，又新增了互联网供应链金融、互联网股权众筹、数字货币和区块链等非传统业务形式。②以互联网为首的高科技对互联网金融产品行业生态持续重塑并带来深刻的影响，如 2014 年国内网络借贷、股权众筹和网上银行的蓬勃发展促成了金融科技 2.0 的诞生；近年来随着区块链技术、人工智能技术、云计算和物联网的成熟推进，所谓的金融科技 3.0 时代正加速来临，国内随之出现了大量的“一站式金融服务”提供商。③新兴行业繁荣发展的背后，是风险种类的增多、风控挑战的增强、风险识别难度的增加和防范监控措施的捉襟见肘。

总体来说，新时代背景下的互联网金融行业所表现出的大致景况可概括为：①互联网金融产品种类和平台层出不穷；②互联网金融产品借助高科技发展的趋势日趋明显；③互联网金融产品的风险表现形式日趋多元化与复杂化；④互联网金融行业的监管明显滞后。

一、互联网金融产品种类和平台层出不穷

相较于 2013 年我国正式出台第一部关于互联网金融行业监管的法律规定来说，此时的互联网金融产品已是百花齐放。互联网金融以 P2P 网络借贷、移动支付（互联网第三方支付）、网络众筹、金融大数据产业、区块链金融和金融相传统结合的互联网金融业态（银行、保险、证券、信托等）以及互联网金融咨询服务为主轴。相对传统金融来说，互联网金融更多地利用最先进的 IT 领域技术发挥金融行业领域的传统优势，开拓新型服务生态和服务场景。同时，互联网金融平台与便利化移动设备和人工智能技术的深度融合，在改变了企业、投资者和相关群体金融观念，带来全新使用体验和短期高额回报的同时，也大大掩盖了互联网金融产品背后的风险隐患，这是互联网金融时代理性的金融从业人员和民众所不能忽视的。

二、互联网金融产品借助高科技发展的趋势日趋明显

在互联网技术高速发展的今天，金融行业依托互联网基础设施更能够体现出其集聚资本、提高流动性、发现价格和培育经济新动能等功效。传统金融行业借助数据挖掘技术、大数据技术、区块链和人工智能技术等实现投资组合的优化，提高风险决策能力，进行算法交易，从而改变以往运行低效、出错率高、风控质

量差等状况。而金融科技时代更是催生了一大批新金融业态及其相关产业，例如智能风控、智能投顾等。智能风控是指借助智能化手段对风险进行量化分析，将智能设备与宏观经济、市场信息、行业信息和投资者状况等大数据相结合从而制定最优化的风险决策，包含风险预警、风险评估、制定业务流程、风控绩效的审核、企业结合风险战略调整 ERP 等环节的优化设计。阿里巴巴集团通过蚂蚁金服实现了良好的智能风控，堪称范本：首先，阿里巴巴具有庞大的客户信息来源和客户信息分析渠道，在阿里巴巴 B2B、天猫、支付宝、淘宝等电商平台上的客户征信和口碑信息早已进入阿里巴巴数据中心；其次，阿里巴巴集团使用交叉检验技术和沙盘推演针对客户的信用状况以第三方的视角进行分析，并提供较为客观的数据结果。而智能投顾本质上是借助机器学习和深度学习等人工智能的前沿技术，以金融市场的统计模型为基础，实现金融产品的最佳收益风险组合。

发轫于 2009 年的区块链技术在一定程度上解决了传统金融的信息不对称、数据易篡改、交易记录不可追溯、中心化数据库因受黑客袭击而瘫痪等问题。特别是区块链进入所谓的 2.0 时代以来，借助最新的智能合约技术可大幅降低履约成本，解决缔约各方相互信任机制所存在的问题。区块链网络所具备的节点共同维护、链上投票显著提高了电商和金融生态的民主程度，也使得互联网金融产品中的信用风险预防和控制变得更为高效。因此，进入 2018 年，越来越多的互联网金融平台考虑或者开始选择和区块链技术初创企业合作，开拓区块链在互联网金融产品中的安全应用场景。

三、互联网金融产品的风险表现形式日趋多元化与复杂化

从传统金融风险的类别和表现形式来看，互联网金融与生俱

来也存在流动性风险、信用风险、市场利率风险和操作风险等不足，但是金融科技的新特点及由此带来的传统监管层面的空白，使得互联网金融产品的风险表现形式日趋多元化与复杂化。

（1）信用违约的表现形式更加多元且更具破坏力。互联网金融平台信用风险的复杂化既跟传统征信缺失相关，同时也由于互联网金融产品的技术性加剧了信息不对称性，并加快了风险传播的速度。

（2）互联网和人工智能等本身具有隐藏的技术性风险，这是指由于数据获取、数据保存、数据传输等过程中所暴露出的技术性风险敞口会给相关企业和资金方带来潜在的资金和信誉损失。

（3）流动性风险更大，主要分为两个方面：其一是资金池问题，在 P2P 平台表现得尤为突出；其二是流动性风险的传导特性在互联网金融平台之间蔓延得极其迅速，往往表现为一家平台“爆雷”会在短期内引起连锁反应，产生流动性严重不足的问题，速度之快使传统金融生态望尘莫及。

（4）互联网金融行业特有的监管与法律风险。2012 年以来，我国各种类型互联网金融平台如雨后春笋般涌现，但相应的法律法规显得滞后和片面，在保护投资者尤其是中小投资者权益方面缺乏有效保障，也给新型的洗钱、诈骗等金融犯罪行为提供了一定空间。而往往“一刀切”的监管措施也对合规经营的互联网金融企业产生了消极影响，这种风险所带来的损失也是不容忽视的。

四、互联网金融行业的监管明显滞后

互联网金融行业风险与监管脱位的突出现象主要表现为科技的力量加剧了这一行业风险因素的混合性和复杂性，非确定性因素也随之增多。由于无法对一些互联网金融平台运营的合规性做出合理准确的评估，因此隐藏的风险急剧增多，导致这些风险在被发现的时候已经给相关人员和机构造成了较难承受的损失。这在一定程度上也是科技作用于金融的负面效应的体现。在目前这种条件下，只能要求相关部门加强事后监管，树立风险意识，积累监管经验，同时应该多部门协商，尽快出台有行业内专家参与的、针对特定行业的标准化的监管法律法规。

第二节　互联网金融监管问题的新特征

一、互联网金融行业普遍存在“被动式监管”的监管模式

“主动式监管”是指以强化金融风险的监测、明确监管主体的权限和规划监管主体的监管范围为特征的科学有效的监管模式。“被动式监管”与“主动式监管”相对应，存在以下突出问题：①监管框架缺乏增量思维，因循守旧，按照传统的监管思路来对新兴金融行业进行监管，其方式方法并不适用；②一般来说各行业之间的监管缺乏有效借鉴和互动，行业监管条块化现象严重，监管主体整体上缺乏统一系统的监管思维方式；③监管上的形式主义较为严重，缺乏实质性，也就是注重机构监管，而忽视了功能性监管。事实上，随着互联网金融产品的进一步发展，该行业越来越需要配套的功能性监管措施的出台和实施。

二、互联网金融行业投资者风险提示性较弱

与传统金融行业一样，监管部门应该协助金融行业在事前、事中针对普通投资者予以足够的风险提示和风险预警，不能夸大产品的业绩成分，不能给投资者错误的投资信号。因为我国尚处在互联网金融发展初级阶段，出现跑路、欺诈和擅设资金池等非

法集资行为的可能性较大，因而现阶段尤其要注重的是信用风险的提示。但监管部门同时也要注重流动性、操作等风险的提示性机制的完善。

三、互联网金融行业抗御风险能力和监管行为不相匹配

互联网金融产品种类的日渐丰富以及海量的信息使得互联网金融产品的投资者在林林总总的产品选择当中风控能力薄弱，成为风险的主要狙击对象。因此依靠监管部门和第三方专业机构合理地进行专业的风险管理，是今后很长一段时间内互联网金融行业能够得到投资者信任并健康快速发展的关键要素。具体的风险管理措施包含风险审核、风险识别、风险检查、风险稽核、风险通报、风险评估、风险处理等各个环节的精准和细致管理。其中风险识别既包含项目本身的风险识别也包括对涉及该项目的所有投资者的自我风险管理能力的识别。

第三节　互联网金融监管面临的新挑战

一、P2P 平台监管面临的新挑战

P2P 平台可谓是相对早期的互联网金融系列产品，既蕴含着较大的风险敞口，同时也是近些年监管绩效相对较弱的产品之一。从广义上来说，网络信贷、网络房抵贷、网络车抵贷、网络供应链金融、网络股权质押贷款、网络融资租赁收益权转让等都属于 P2P 业务模式。但从狭义上来说，本书主要讨论的是 P2P 网络信贷服务，此行业的最大特点是以信用作为抵押，因此蕴含着不能用实物进行担保的风险敞口。P2P 行业监管目前存在的突

出性问题包括：①监管主体的职责不明确，这源于中央主要监管部门、地方监管部门和行业自律组织之间的传统监管边界的模糊；②P2P平台的风险预防机制较弱，背后反映的是监管体制较弱的法律效力；③征信体制的不健全使得P2P资方和项目方的关键信息质量低下，信用评级不可靠，从而导致信用风险频发。在建立风险评级方面，阿里巴巴和京东一般提供数据源并借助三方信用风险评估机构来实施，这对于大多数这方面存在明显问题的P2P平台来说不失为一种参照策略。

二、互联网第三方支付监管面临的新挑战

互联网第三方支付是我国最早出现的互联网金融行业生态，因此发展历程较为久远，相对其他互联网金融产品来说其监管体系较为健全。但第三方支付面临的风险依旧不容忽视，归纳起来主要有政策法规风险及资金链和信用违约风险。

（1）政策法规风险可以分为主体资格风险和合规风险。尽管第三方支付业务已在我国发展了多年，但是主体资格认证体系尚未健全，导致一些运营主体仍旧存在大量的信用隐患。从合规角度来说，第三方支付业务监管体系的不完善会造成违规成本加大。

（2）资金链和信用违约风险主要来自第三方支付涉及的利益方互相之间信息不对等而存在的冲突，发生信用违约导致资金链断裂的风险既有可能来自买方，也有可能来自卖方，但最有可能的是来自第三方支付服务机构。另外，鉴于我国第三方支付完全依靠银行背书，因此银行违约也构成了第三方支付的风险。

对于第三方支付的监管，目前存在以下挑战：首先是准入机制和退出机制仍然不完善，在网络第三方机构退市或者相互并购时，客户关键信息和资金账户的管理所对应的监管职能还需要进一步完善；其次是沉淀资金利息归属的监管问题；最后是其他互

联网金融产品所固有的监管缺陷在第三方支付业务上也广泛存在。

三、网络银行监管面临的新挑战

网络银行属于互联网金融时代的新业态范畴，跟传统意义上的电子银行有本质区别。从传统意义上来讲，网络银行也有法律风险、信用风险、流动性风险和系统性风险等风险形式，但内容上有很多更新，如网络银行还存在技术风险，这些技术风险包含和派生出了相应的运行风险、战略风险、信誉风险、跨境风险和外包风险等。运行风险表现为访问控制、银行监控、认证机构的可靠性等所造成的不确定因素，战略风险表现为产品定位、设计、技术支持、业务创新等环节出现的问题有可能无法适应宏观经济和产品市场所发生的实质性变化，信誉风险和跨境风险也因为其他因素而大量存在。面对目前的风险状况，监管主体须从市场准入和退出监管、业务扩展管理和日常检查等方面来制定监管政策。

四、区块链金融行业监管面临的新挑战

2016—2017 年，比特币、以太坊等数字货币的疯狂交易活动推动了我国对区块链应用热潮的研讨，区块链在我国内地大火起来。从广义上来看，区块链是互联网金融进一步发展所必然出现的事物，甚至是互联网金融行业的最终形态。2017 年 8 月杨东在《链金有法：区块链商业实践与法律指南》一书中指出，区块链目前率先应用在网络证券、网络保险、电子发票和电子存证业务中，未来还有可能向非金融领域快速渗透。进入 2018 年上半年，区块链及其相关技术在“Gartner 技术成熟度曲线”上已然越过了激情膨胀期，到达理性应用期。区块链技术在金融领域的应用可以弥补传统监管手段的不足，例如应用区块链可以通过

共识算法、节点身份验证、节点权限和接口封装的统一等方式解决目前传统电子票据的痛点，并且将这一解决方案推广应用到其他金融和非金融行业领域。但目前我国针对区块链行业本身的监管却出现了空白。主要原因是区块链作为一门新兴技术，存在交易被篡改、私钥丢失、隐私暴露的风险及效率风险等，上述绝大多数的风险在我国尚无相应监管法规和完善的应对策略。应该指出的是，目前相关监管主体往往有可能形成监管套利的行为。笔者认为必须明确的一点是，对区块链技术及其应用生态进行监管的目的是使之真正服务于实体经济，而不是进行监管套利。当前的区块链监管还需要探寻链上交易主体的监管方式、同一业务的多部门联合监管及明确的监管分工。从长远来看，监管科技和监管沙盒（Regulatory Sandbox）的应用是大势所趋，2017 年 9 月深圳区块链专委会首次举办的区块链监管论坛就提到了监管沙盒的问题。不过，目前在我国监管沙盒的实质性落地还面临着诸多瓶颈。

五、互联网股权众筹监管面临的新挑战

从定义上来讲，众筹（Crowdfunding）是指筹资方（项目发起者）通过互联网众筹平台以公开方式向投资者募集资金，用以支持其个人活动或商业组织的行为。互联网股权众筹是对传统股权众筹的补充，其实质仍是在传统众筹的基础上的进一步发展，且融入了现代金融科技的元素。随着 2016 年以来，特别是 2018 年以来，我国互联网金融产品的急剧膨胀，网络股权众筹也进入爆发期，在农业、电影、二手车、电商等行业网络众筹获得了更多的青睐。但众筹平台蕴含着两大风险，一是平台本身存在的风险，二是平台所对应项目的风险。其中，平台本身的资质审核问题较为迫切。目前我国股权众筹平台数量众多，参差不齐，缺少第三方专业评估机构。而项目的资质审核漏洞多集中在

技术含量高的产品项目上，这部分科技型产品由于出现的时间不长，缺乏相应的监管覆盖面，同时投资者的非理性行为和项目方本身可能存在的道德欺诈、信用问题和金融生态中所固有的信息不对称局面，也使得出台相应的监管标准显得紧要和关键。这一点可以充分借鉴发达国家股权众筹方面成熟的监管框架，规范主体尤其是项目方行为，重视和改善股权众筹行业的顶层设计，后者主要是以保护中小投资者的角度出发来完善。

六、互联网供应链金融监管面临的新挑战

供应链金融是利用大型金融机构和大型企业（核心企业）的信用作为担保，为供应链上相关联的中小企业融资和其他金融活动提供便利化服务，从而提高整个供应链生态闭环的运行效率和风险管控绩效的一类解决方案的集合。比较常见的供应链金融包含应收账款融资、存货融资、融资租赁和预付款融资等，广义来说，还有先票后货、保兑仓业务、仓单融资、已付账款融资、战略关系融资等。在国内，目前几乎所有的供应链金融业务都是由银行等传统金融机构主导的，也有少量的大型电商平台借助自身的资金实力开展供应链金融业务。虽说供应链金融已经由 1.0 进入 4.0 阶段，其显著特点是为中小企业提供满足企业发展所需的个性化服务，但在我国供应链金融仍是一个比较新的概念。目前供应链金融面临的风险敞口在于：①供应链金融的主体资质审核的问题；②相关企业的财务风险及其传导效应；③对供应链金融发生的贸易机制真实性的了解程度等；④信用风险。除此以外，宏观经济因素、供应链本身的结构问题和内部补偿机制都会带来一定的风险。上述风险都会导致供应链金融业务归于失败。

从总体上看，供应链金融应从以下方面来加强监管：首先是利用新兴技术实行对供应链资金流、物流与商流全流程的实时控制，尤其是对跟中小企业关系密切的供应链环节的监控；其次是

对风险进行结构化处理并有针对性地实施区别监管，其前提是业务的结构化；再次是在供应链金融闭合运行的过程中要重视非正式监控体系的作用，充分利用主体之间的“认知型信任”和长期客户关系管理所积累的信用来进行有效监控；再其次是建立完善供应链金融良好的担保机制、准入和退出机制；最后是加强对人员的监管。

第一章　基础理论和文献综述

本章着眼于互联网金融风险问题研究所涉及的理论渊源，可追溯至金融监管理论、金融风险管理理论以及金融随机分析理论。在完成相关理论准备后，结合近年来国内外文献，对以P2P网络借贷、网络第三方支付、网络现金贷、互联网保险为主的互联网金融行业中各细分行业的风险监管研究进行文献综述，并从宏观层面对互联网金融行业风险控制进行文献综述。结合经典金融风险理论，借鉴西方发达国家的互联网金融风险监管经验，为后文分析我国现行互联网金融风险搭建基本逻辑框架。

第一节　基础理论

一、金融监管理论

金融监管的目的旨在使政府、行业协会、金融机构内部等监管主体更好地利用金融政策、法规和制度等管理、控制及化解系统性或非系统性金融风险。传统的金融监管理论的主要内容可以简单地分为信用管理理论、约束监管理论、规则引导理论和效率导向理论。[①] 其中信用管理理论指出，监管主体（一般是政府和

---

① 李成：《金融监管学》，高等教育出版社，2007年，第29页。

行业协会）进行金融监管的目的是充当“最后贷款人”的角色以及规范金融市场行为、降低风险的发生率而成立货币统一发行机构——中央银行。约束监管理论首先论证了金融危机引发经济大萧条的灾难之后，政府或者中央银行有必要对不完全性的金融体系进行监管，这种不完全性体现在企业和商业银行负的外部性、自然垄断和信息的非对称性。其次，约束监管理论还论证了由于金融体系自身的脆弱，监管主体有必要介入监管，这种脆弱性又体现在和实体经济联系紧密所导致的非稳定性，以及银行挤兑现象。值得一提的是，由于特殊的历史环境，约束监管理论提出的同时商业银行和投资银行业务也发生了正式分离。规则引导理论诞生在20世纪90年代，是全球资本市场相继开放和国际金融规则普遍确立的时代。该理论分为功能监管、激励监管、资本监管和市场纪律监管等理论。其中功能监管理论由兹维·博迪（1993）等人提出，强调政府的角色应该是集中于金融行业当中某一功能的监管，而不是强化机构或者机制监管，而实质上却是在淡化功能为靶向的监管。[①] 激励监管理论由泰勒尔（1990）、博尔顿（1992）和德沃特里彭（1990）等人先后共同提出并完善，认为政府和金融监管部门对企业代理者和债务人给予更强的监管对于企业股东和企业债权人是有好处的。该理论还研究了如何通过制度设计保证金融监管必须言出必行。限于篇幅，资本监管理论和市场纪律监管理论的介绍这里从略。

二、金融风险管理理论

金融风险管理理论是一个庞杂的体系。人类历史上发生的数次金融危机十分自然地促进了统一、完善和规范的金融风险管理

---

① 白钦先：《20世纪金融监管理论与实践的回顾和展望》，《金融论坛》，2000年第5期，第13页。

制度和方案的最终形成。概括而言，金融风险管理理论可分为金融风险辨识理论和金融风险度量理论：

（一）金融风险辨识理论

金融风险辨识主要涉及对金融产品发生不确定性的类型和受险部位以及对金融产品风险的严重程度和对金融产品风险的诱导因素进行辨识。前者，类型和受险部位的辨识理论涉及从资金来源、资本运作和业务特征的视角对金融产品中出现的风险的分析；后者，金融产品风险的诱导因素的辨识理论又可以分为对由利率变动、经济周期、宏观经济政策和汇率变动等所导致的系统性风险辨识的理论和对信用违约、操作风险和市场流动性风险等微观层面风险辨识的理论。而金融风险的强弱程度是和类型辨识、诱因辨识等理论相关联的，可以根据资金来源、资本运作、业务特征等因素综合大小来判定金融风险的强弱。

（二）金融风险度量理论

金融风险的度量是随着现代信息技术和投资组合等理论的完善逐步发展起来的。金融风险度量的研究可以提高对互联网金融规范性监管、功能监管的精准性和可靠性。

传统的度量理论方法主要有向量自回归（VAR）方法、Copula方法、GARCH方法等。其中，VAR方法是国内外文献用得比较多的方法，常用来对各种原生品和衍生品市场交易的特种风险进行测度和预测，根据具体情况又可分为结构向量自回归（SVAR）和条件风险价值（CVAR）方法等。VAR衡量的是多个变量之间的动态互动关系，在VAR模型中可设定任意变量为一时间序列。从变量自回归到向量自回归的演化有助于分析金融市场上日趋复杂的综合风险因子，并对风险溢价和资产评级做出正确判断。Copula方法可以将一些函数的边缘概率分布相互连接在一起，通过这种方式可以研究变量之间的相依性，因此对金融产品之间风险的传递性也会有很深入的研究。GARCH 方法是针对 20 世纪八九十年代以来大量事实显示出的金融产品风险波动随时间产生的集群效应而逐步衍生出的风险度量方法。[①] 实质上 GARCH 方法主要是很好地解决了金融时间序列过程中所涉及的条件异方差现象，根据 GARCH 方法的模型假设，任何时间序列的误差项在时刻 t 的方差跟 $t-1$ 时刻的误差项是相依的。这一点可以用来对金融产品加强事前监管。GARCH 方法还可以分为没有误差项和滞后项的 ARCH 方法和加入了误差项和滞后项的 GARCH 方法，后者常用来分析更为复杂的金融产品交叉风险。

金融风险度量理论按照金融风险度量的对象又可以分为信用风险度量理论、操作风险度量理论和流动性风险度量理论等。

1. 信用风险的度量理论

信用风险是现代金融行业领域最突出和最普遍的风险类型，往往在金融产品和项目融资风险定价时起决定性作用。信用风险的度量大致上可以分为结构模型和简化模型。在固定收益证券、保险业、证券业和衍生产品市场上，根据信用风险的大小和风险溢价可对上述产品进行相应评级，主要有 AltmanZ-评分方法、穆迪评级方法、标普评级方法等。目前比较常用的是莫顿（1974）提出的信用风险定价模型，未来还有可能主要使用神经网络模型和 PFM 模型（私有企业模型）。以我国场外股权交易市场为例，信用风险通过信用风险暴露、信用损失和违约损失率三个因子来衡量：信用风险暴露也称为风险敞口，是指未来收益有可能受金融变量变动影响的那部分资产组合的资金头寸；信用

① 张成思：《金融计量学——时间序列分析视角》，中国人民大学出版社，2012年，第 228 页。

损失是指发生信用风险可能会造成的财产损失，跟信用风险暴露、违约损失率和某个服从贝努利概型的随机参数有关；违约损失率分为历史违约率和边际违约率，定义从略。债券和股票信用风险的分析和定价涉及企业财务报表、行业评估数据、国家整体风险分析等，任何一项变量都有可能对信用风险的当期价值造成决定性影响。

2. 金融操作风险的度量理论

操作风险为针对企业和金融机构的内部薄弱环节监管政策不力所导致的风险。例如1995年的巴林银行倒闭和2002年左右的美国安然公司倒闭等事件，究其缘由都是因为对操作风险监管不到位所致。20世纪末，巴塞尔委员会重新制定了新的针对金融系统的操作规程，并为操作风险的度量与预测制定了有效的方法，这些度量方法包括传统的基本指标方法（BIA）、标准方法（SA）和高级的内部度量方法，在内部度量方法的基础上一般要消除单一金融主体和这个金融主体操作风险分布的不一致性。除此以外，还有测定风险事件的损失分布方法和依赖专家系统的积分卡方法。其中我们还经常运用Copula模型对损失分布方法进行一定修正。

3. 流动性风险的度量理论

通常在金融市场上发生的流动性风险既可以是市场本身所带来的，也可以是资金筹集者所带来的。在1929年经济大萧条之后，商业银行和投资银行纷纷采取分业经营，但是20世纪90年代上述两者的混业经营又再次回潮，致使市场流动性风险加剧，逐渐取代资金筹集者流动性风险而占据主导地位。对流动性风险的度量方法有美国联邦储备委员会（以下简称美联储）总结出的流动性指数方法、结合企业财务报表总结出的财务比率指标模型、市场流动性缺口分析方法等。实践中，这些方法对流动性风险的监管起到指示器的作用。

三、金融随机分析理论

金融随机分析理论是一个异常庞大的理论分析系统，主要可分为二叉树资产定价模型和连续时间分析模型两个大类。

二叉树资产定价模型可分为状态价格理论、随机游动过程理论、美式衍生品定价理论等子类。状态价格理论是研究二叉树方法确定资产或者衍生品合约价格时，根据资产的性质和投资者不同的风险喜好程度求解最优投资组合的过程。状态价格理论在二叉树方法的基础上通过引入拉东－尼柯迪姆导数重新塑造了资本资产定价理论，更能够解释风险来源和投资行为，从而适应现代金融随机过程的分析。美式衍生品定价理论重点强调由于投资者可能错过最佳收益时刻或者状态而导致其贴现过程是一个上鞅①，而不是一个鞅。因此在假设投资者都是理性的和风险中性的基础上，如何借助二叉树方法选择美式期货或期权的最优投资组合、最优收益算法和最优时刻是值得研究的，并可借助此类方法对衍生品进行定价和风险分析，以此制定合适的监管策略。在现实中，由于美式衍生品的随机游走性，使得这一问题变得复杂。而上述方法在分析美式看涨和看跌期权上又有明显区别。

连续时间过程（Continuous－Time Stochastic Models）探索金融产品的某些特定属性随着时间的流逝表现出的某种“稳态”。通常来说连续时间模型比二叉树模型更受欢迎，这是由于投资者在未来的某个时刻会改变他的投资策略，这种微观行为在连续时间谱上会得到反映。连续随机过程的研究者们发明了随机微分方程并尝试对其进行求解来模拟现实中的多个变量对金融产品价格

---

① 鞅（Martingale）是具有某种可以用条件数学期望来进行特征描述的随机过程，用术语来表示就是满足基于时刻 t 的信息对时刻 $t+1$ 的衍生品价格贴现的最好估计是时刻 t 的衍生品价格贴现的条件之过程。上鞅（Supermartingale）是在上述条件下 $t+1$ 时刻贴现价值减少的过程，反映的是一种次优的结果。

和风险的影响，求解方程的结果表现形式是“漂移向量”和“扩散矩阵”，为寻找稳态提供了某些可能性。

第二节　互联网金融行业风险监管研究文献综述

我国互联网金融行业早在20世纪90年代就形成了，经过数十年的发展和积淀，逐渐形成了以网上支付、P2P网络借贷、互联网证券、互联网保险、网上众筹、网上银行、区块链业务以及网上其他金融增值服务为主的大行业架构。2014年3月5日，在全国两会上李克强总理首次提出，加强互联网金融监管是促进互联网金融行业健康发展的前提条件之一。[①] 并为监管的具体措施指明了方向。时至今日，互联网金融正如火如荼地发展并出现了诸多行业类别，各个行业领域的交叉金融风险呈现出随机多变的特点，并且带有明显的科技手段痕迹，使得传统金融市场的监管手段变得越来越不适应。鉴于此，国内有不少研究人员结合我国现阶段国情和金融市场特点，创新性地提出了一些改进监管的想法和方案，主要体现在以P2P网络借贷、第三方支付和众筹等为代表的互联网金融产品研究文献中。

一、关于P2P网络借贷的风险监管的研究

P2P网络借贷是国内研究得最多的互联网金融产品类型。研究P2P当中存在的风险问题，可以从博弈论的视角，对参与P2P行业的主体进行行为分析，并建立相应的模型。根据参与主体的数量，可以是借贷双方的博弈，也可以是借款方、贷款方和

---

① 谢平、邹传伟、刘海二：《互联网金融监管的必要性与核心原则》，《国际金融研究》，2014年第8期，第3页。

P2P平台之间所产生的三方博弈，更可能是上述三方与金融监管机构、行业自律机构、互联网金融协会等所产生的多方博弈，因此须构建多个模型逐一分析。而监管措施应该根据行业发展的阶段性特点进行有针对性的监管，不能搞“一刀切”，伤害了行业自身成长的动力。上述研究以李桂花、张荣荣、张玉（2017）和李华军、邱晓其、李满东（2017）发表的文献为代表。这些文献还从监管角度对近年来中国互联网金融P2P平台典型的企业个案进行了描述。

国家曾三令五申地严禁P2P网络借贷平台由“信息中介”平台演化成“信用中介”平台，形成资产池，并严惩“P2P平台为投资者提供担保”“不得对P2P平台为基础发起的网上融资项目的期限进行拆分”[①] 等，降低网上借贷资金链的风险并防止挤占传统银行所形成的社会信用体系，以避免引起潜在的非法集资和“跑路”潮恐慌。但国内打着“信息中介”的幌子从事实质上的“信用中介”的P2P平台不在少数，据统计，在2015—2017年间被迫关停、主动关停或“跑路”的P2P网络借贷平台中76%以上存在程度不等的变相非法集资行为。[②]

另外，传统金融风险的表现形式也延伸到了P2P网络借贷平台，因此在开展穿透式监管和功能监管前需要对P2P平台中的信用风险、操作风险、流动性风险进行辨识和测评。比如本书前面提到的传统金融市场的流动性风险体现在市场流动性风险和筹资者面临的风险，其中包含期限错配造成的风险和信息的非对称性造成的风险等，这些在P2P网络借贷平台的诸多个案中照

---

① 林华：《Fintech与资产证券化》，中信出版集团，2016年，第38页。

② 彭冰：《P2P网贷与非法集资》，《金融监管研究》，2014年第6期，第17页。

样凸显。[①] 而在P2P网络借贷的操作层面还出现了新的法律风险和道德风险。对此，研究者们的观点是加快建立统一的央行大数据体系以对平台进行对接，提高行业准入和加强行业征信体系的建设，并通过加强引导和完善行业各项建设逐步加以规范。

上述观点在潘锡泉（2015），钱金叶、杨飞（2012）和杜晓山（2013）等人的文献中得到了充分体现。值得注意的是，上述文献中提出了P2P平台隐藏的不同于传统金融市场风险的技术风险，在Fintech资产证券化产品中尤其表现突出。[②] 传统的资产证券化常常出现因罔顾投资项目自身评级和方案可行性而导致资金链断裂，造成资产价格崩盘从而严重伤害实体经济的现象，这一点为世人所诟病，而P2P平台技术风险使上述风险控制的难度不降反增，抬高了相应的监管成本。

二、关于网络第三方支付的风险监管的研究

第三方支付的成功运用是Fintech手段作用于互联网的最早实践，也可以说是现代互联网金融的起点。因此关于网络第三方支付的风险监管相应文献早在2006年以前就已出现。早期的研究主要集中于第三方平台自身的资金沉淀、特殊清结算服务和发行传统电子货币（不同于比特币、以太坊等数字货币）所产生的风险问题。由于第三方支付平台上述新特点有可能为洗钱犯罪、偷漏税和网上赌博等行为创造可乘之机，因此需针对这些问题采取市场引导、审慎监管、个案处理、客户教育等措施规范行业生态。上述观点散见于赵昕、王静（2006），尹晓娟（2010）等为代表的文献中。尹晓娟还阐明了在第三方支付行业领域加强公信

---

① 潘锡泉：《我国P2P网贷发展中蕴含的风险及监管思路》，《当代经济管理》，2015年第4期，第50页。

② 钱金叶、杨飞：《中国P2P网络借贷的发展现状及前景》，《金融论坛》，2012年第1期，第49页。

力的重要性和几点建议，首先是重视资金和隐私管理，切实地推动相关方案的出台，同时行业也要建立完整的认证制度与内部控制制度，加快行业从业者的素质规范化。[①]

2010年后，随着第三方支付加速发展和生态体系的成熟化，尤其是无现金支付时代的全面来临，关于第三方支付平台风险监管的研究文献数量逐渐增多，并且针对个案中出现的新风险类别的监管措施建议也趋于多样化，体现在：

（1）关于第三方支付的分类监管和动态监管研究文献逐年增多。分类监管是针对以往第三方支付的监管存在“一刀切”而提出的，对某些领域管得过严或者过松，不利于第三方支付的纵深发展和个性化发展。而国务院发展研究中心研究员巴曙松、杨彪（2012）一针见血地指出国内立法或标准中目前对第三方支付行业的分类和定位并不准确，因此需要重新分类。动态监管则强调监管策略和思维要随着第三方支付的行业结构、风险变化和地域特点及时进行调整。[②] 贺强（2014）以蚂蚁金服和天弘基金联合主推的“余额宝”产品的风险防范为个案，呼吁由当时的“一行三会”[③] 牵头，连同工信部、公安部等四部委对互联网金融进行动态监管和综合监管，以防控可能出现的系统性风险。[④]

（2）结合国内第三方支付和无现金支付的科技动态，宜将国

---

① 尹晓娟：《关于第三方支付平台公信力的思考》，《经济研究参考》，2010年第23期，第70～72页。

② 巴曙松、杨彪：《第三方支付国际监管研究及借鉴》，《财政研究》，2012年第4期，第73～75页。

③ 根据中央决定，2018年全国两会之后中国银行保险监督管理委员会取代原银监会和保监会，作为国务院直属事业单位，原证监会仍然保留。参见中国电子银行网：《“一行三会”变“一行两会” 大金融监管再出发》，http://www.cebnet.com.cn/20180320/102474893.html。

④ 贺强：《注意防范金融风险 促进互联网金融健康发展》，《价格理论与实践》，2014年第3期，第11～12页。

内监管部门职能与支持和激励创新手段统一起来，大力发展监管科技（Regtech），尝试引进国外尤其是英美通行的“监管沙盒（Sandbox）”体制，利用高科技手段为导引式监管注入效率。

（3）金融监管部门、金融行业自律协会联合金融大数据研究机构、金融立法机构、资金管理机构和清结算机构等从个案风险处理入手，并成立相应的金融消费者权益保障机构。多个部门协调监管，恐怕是今后相当长的一段时期内要做的工作。上述观点散见于朱绩新、章力、章亮亮（2010），高岩（2013），谢静（2012），赵德志（2012）等文献中。谢静还从技术视角建立了以技术可靠性、决策技术措施、预测技术措施三大维度为主的第三方支付风险评估指标体系。①

三、关于其他互联网金融产品的风险监管的研究

（一）网络现金贷风险监管文献评述

网络现金贷（以下简称现金贷）作为一个互联网金融时代的特殊现象，从萌芽到遍地开花所用的时间很短，现金贷的风险表现形式也很特殊，诸如抵押担保缺失的潜在风险、打着现金贷的幌子从事实质上的高利贷行为、一人多贷和野蛮催收所蕴藏的不稳定风险因子等。宋威（2017）对现金贷中这些存在的、破坏现有金融秩序的现实问题进行了透彻的分析，② 认为监管的重心应该集中在现金贷相关的征信建设、服务费的归属和规范催收环节、催收程序的优化上。除避免暴力收款、加强平台控制以外，叶文辉（2017）在总结国内研究现状和国外“发薪日”贷款监管

① 谢静：《第三方支付风险管理研究》，云南大学硕士学位论文，2012年，第57页。

② 宋威：《“现金贷”发展存在的问题及监管建议》，《黑龙江金融》，2017年第7期，第57～58页。

实践的基础上，提出了现金贷尤其须关切的两大监管领域，即现金贷的债务陷阱和利率形成机制。他认为，根据传统的金融法规这两项不仅是风险监管的重要参考，同时也可以是平台准入门槛设置的参考。

（二）互联网保险风险监管文献评述

互联网金融产品除了 P2P 网络借贷、第三方支付和现金贷等这些新型业态外，近年来传统金融产业也借互联网科技的东风开始了“互联网+”的尝试。互联网证券、互联网衍生品和互联网信托等交叉业态纷纷上线并开始实质化运作。其中最典型的要数互联网保险行业。李琼、吴兴刚（2015）认为互联网保险带来了保险精算的改变和保险营销手法的革新，但同时现阶段的互联网保险仍处在风控体系尚未建立、产品不严谨和大数据库未完善的状态中，各监管部门应该从功能定位、服务定位和安全定位这三个维度来加强监管。[①] 何德旭、董捷（2015）也持类似观点，但补充了针对互联网保险的多部委联合监管，并且建议尝试国际间互联网保险联合监管模式，[②] 这里的监管主体可以是各国政府间或民间成立的互联网保险行业协会。

第三节　互联网金融行业风险控制文献综述

国内研究者普遍认为，在风险防控方面，除了监管机构的责任和相关措施而外，互联网金融经营主体自身也需要有以完善安

---

① 李琼、吴兴刚：《我国互联网保险发展与监管研究》，《武汉金融》，2015 年第 4 期，第 31～34 页。

② 何德旭、董捷：《中国的互联网保险：模式、影响、风险与监管》，《上海金融》，2015 年第 11 期，第 66～67 页。

全体系和提高各类风险的防范意识为主的风险控制举措。寇宇（2013）认为这可以从互联网金融企业安全技术的提升跟现有技术条件下安全网的提升两点来采取措施。[①] 其中，企业安全技术的提升可以借助现代信息科技和密码学进行低成本的自主研发来实现。胡辰（2017）针对 P2B（即“个人对企业”）这一特殊互联网金融行业进行了风险防范研究，并制定了详细的风险结构指标体系，将 P2B 风险划分为市场风险、平台风险、投资者风险和被投资者风险四个一级指标，每个一级指标又分别划分为管控风险、传递风险和被传递风险三个二级指标。他通过 Lisrel 分析软件对风险结构路径进行了演化分析，得出了 P2B 模式下的互联网金融风险结构路径的关键性指标计量的统计结果。[②] 本书认为，这个指标分析模型也为新形势下其他互联网金融产品的风险结构提供了参照，便于监管部门更深入地研究这些产品的动态风险。Lisrel 软件在多元回归分析中的优势在未来 Regtech 的成熟过程中将得到更大体现。侯发余（2016）指出，征信体系建设是今后加强互联网金融风险防控工作的重中之重，必须将互联网金融中个人和企业用户的征信档案管理纳入相关制度法规中。其中，他也特别提到了互联网金融征信标准和结构的制定问题并指出这些工作可以借鉴西方发达国家的互联网征信基础设施搭建渠道和办法。[③]

① 寇宇：《我国互联网金融的特殊风险及防范研究》，《数字化用户》，2013 年第 6 期，第 226 页。

② 胡辰：《P2B 互联网金融风险控制模式及实际应用》，《财经问题研究》，2017 年第 9 期，第 45～49 页。

③ 侯发余：《中国互联网金融的风险及防范》，辽宁大学硕士学位论文，2016 年 4 月，第 28～31 页。

第二章　互联网金融监管政策梳理

自互联网金融在我国兴起以来，从起步发展、野蛮成长到如今的转折，现已经历了十余年，而针对互联网金融的监管则呈现逐年走强的趋势。监管的目的在于风险出清，为我国互联网经济创造一个健康的竞争环境，使其能在不断拓展深化中平稳前行。本章梳理了在市场监管环境日益趋严的大背景下，我国所出台的各类互联网金融监管的政策。

第一节　2015 年：互联网金融监管起步之年

2015 年 7 月 18 日，《关于促进互联网金融健康发展的指导意见》发布，标志着互联网金融草莽时代的结束。

2015 年 8 月 6 日，最高人民法院发布了《最高人民法院关于审理民间借贷案件适用法律若干问题的规定》(以下简称《规定》)。按照《规定》中的有关条款要求，借款人和贷款人通过 P2P 在线网贷平台形成借贷关系，网络贷款平台仅提供媒介服务，并不承担相应的担保责任，但如果 P2P 网贷平台通过网页、广告或者其他媒介明示或者有其他证据证明其为借贷提供担保，根据出借人的请求，人民法院可以判决 P2P 网贷平台承担相应的担保责任。

2015 年 12 月 28 日，中国人民银行发布了《非银行支付机构网络支付业务管理办法》（以下简称《办法》）。《办法》指出，支付机构不得为从事信贷、融资、理财、担保、货币兑换等金融业务的机构和金融机构开立支付账户。《办法》还规定，除单笔金额不足200元的小额支付业务，以及公共事业费、税费缴纳信用卡还款等收款人固定并且定期发生的支付业务外，支付机构不得代替银行进行客户身份及交易验证；对于单个客户，单日所有支付账户累计金额不得超过5000元（不包括支付账户转账给客户本人同名的银行账户）。该规定强化了第三方支付的支付通道的功能定义，并回归到“支付业务”的本质特征。

2015年12月28日，由中国银监会牵头制定的《网络借贷信息中介机构业务活动管理暂行办法（征求意见稿）》正式发布。《征求意见稿》以负面清单形式划定了业务范围，明确了网络借贷平台不得吸收公众存款、不得设立资金池、不得提供担保或承诺保本保息等。

第二节　2016年：互联网金融监管的元年

2016年，互联网金融监管形成了“中央统筹、行业自律、专项整治”的三大行动体系。2016年4月12日，国务院办公厅印发《互联网金融风险专项整治工作实施方案》后，根据监管职责分工，“一行三会”出台了分行业的专项整治方案，同时各省市也出台了辖内整治方案。这三大行动体系分别从监管政策、民间自律、专项突破三方面发力。从中央到地方、从国务院金融监管部门到地方金融办公室（局），形成了一个全国统一布局，各部委、各省（市）、各级互联网金融协会相互配合的监管网络。统观全年，互联网金融监管体系基本形成，合规趋势已经来临。

互联网金融风险专项整治工作正式启动，推动对民间融资借贷活动的规范和监管：打击不法分子假借网络借贷、网络理财等名义，以高息回报为诱饵，大肆开展非法集资等违法犯罪活动。

2016 年 3 月 10 日，由中国人民银行条法司、科技司组织，中国互联网金融协会逾 40 家成员单位、行业研究机构及部分银行参加并对《互联网金融信息披露规范（征求意见稿）》进行了讨论，对信息披露提出了明确要求，网贷机构不仅需充分披露自身撮合的所有项目的相关情况，还需通过第三方事务所的审计，充分披露平台的运营数据等；同时，对个体网络借贷、互联网非公开股权融资和互联网消费金融从业机构的信息披露标准也作了单独要求。

2016 年 3 月 25 日，中国互联网金融协会成立。中国互联网金融协会是按照《关于促进互联网金融健康发展的指导意见》文件要求，经国务院批准，民政部同意，中国人民银行会同有关部门建立的全国性互联网金融业自律组织。第一次全体会员代表大会审议和表决通过了 3 项基础制度。

2016 年 3 月 30 日，中国人民银行、银监会印发了《关于加大对新消费领域金融支持的指导意见》，要求切实加强对重点消费领域的金融支持，从而不断优化消费金融的发展环境，加快推进消费信贷管理模式和产品创新；鼓励银行业金融机构创新消费信贷抵质押模式，创新推出不同首付比例、期限和还款方式的信贷产品。

2016 年 4 月 13 日，教育部办公厅和中国银监会办公厅印发《关于加强校园不良网络借贷风险防范和教育引导工作的通知》，要求加强校园不良网络借贷平台的清理整顿，防止高校学生陷入校园贷款陷阱。通知提出四点要求：一是加大不良网络借贷监管力度，二是加大学生消费观教育力度，三是加大金融、网络安全知识普及力度，四是加大学生资助信贷体系建设力度。

2016 年 8 月 14 日，中国银监会发布《网络借贷资金存管业务指引（征求意见稿）》，规定“存管银行不应外包或由合作机构承担，不得委托网贷机构和第三方机构代开出借人和借款人交易结算资金账户”。同时，还提出了存管人不对网贷信息数据的真实性和准确性负责，若因委托人故意欺诈或数据发生错误导致的业务风险，由委托人本人承担。

2016 年 7 月 29 日，住房和城乡建设部、国家发改委等七部门联合印发《关于加强房地产中介管理促进行业健康发展的意见》（以下简称《意见》），加强房地产经纪人管理：房地产中介机构不得提供或与其他机构合作提供首付贷等违法违规的互联网金融产品和服务，提供住房贷款代理服务的，委托人应当自主选择金融机构。《意见》要求各地中介机构全面实行住房信息验证制度，不得为经济适用房房屋提供中介服务，禁止不符合交易条件的交易。

2016 年 8 月 17 日，中国银监会等四部委印发《网络借贷信息中介机构业务活动管理暂行办法》（以下简称《暂行办法》），规定了网络借贷金额应坚持以小额为主，并明确了借款人的借款上限。《暂行办法》对网络借贷的主管机构中国银监会以及地方政府金融监管机构职能进行了分工，实行“共同负责监管”原则，即由中国银监会及其派出机构对网贷业务实施行为监管，制定网贷业务活动监管制度；地方金融监管机构负责网贷机构的机构监管。《暂行办法》的出台，意味着在中国发展近十年的网络借贷行业迎来强监管时期。

2016 年 10 月 28 日，中国互联网金融协会发布《互联网金融 信息披露 个体网络借贷》标准（T/NIFA 1—2016）和《中国互联网金融协会信息披露自律管理规范》，界定并明确了 96 项披露指标，包括 65 项强制性披露指标、31 项鼓励性披露指标，涵盖从业机构信息、平台运营信息与项目信息三方面的内容。

第三节 2017年：互联网金融监管环境日益趋严

2017年，“一行三会”针对互联网金融行业密集发布了一系列监管政策，急管繁弦，使得互联网金融行业开始了一轮真正意义上的“洗牌”。2017年被业内看作是“史上最严”的金融监管年。“校园贷款”“现金贷款”等互联网金融产品和业务被进行重点清理整顿，虚拟货币投机也被紧急叫停，监管部门持续严厉打击扰乱金融以及消费市场的行为，“合规发展”成为互联网金融发展的主旋律。

2017年4月10日，中国银监会发布《关于银行业风险防控工作的指导意见》，重点针对“加强互联网金融风险监管，促进互联网金融业务合规稳健发展”提出了三大具体要求：一是持续推进P2P网络借贷平台风险专项整治，二是重点关注和治理校园网贷风险，三是清理整顿“现金贷”业务活动。

2017年5月16日，中国人民银行等国家层面17部门联合印发了《关于进一步做好互联网金融风险专项整治清理整顿工作的通知》，明确了互联网金融风险整改实施阶段应在2018年6月底之前完成。

2017年8月17日，互联网金融风险专项整治工作领导小组办公室印发《关于落实清理整顿下一阶段工作要求的通知》，要求各省要高度重视，下更大力气持续做好各项专项整治工作，保持对各类违法违规互联网金融活动的高压态势。

2017年9月4日，中国人民银行联合银监会、保监会等七部委联合发布《关于防范代币发行融资风险的公告》，对基于区块链技术的虚拟货币进行了史上最严格的管制，认为首次发行数字货币融资（ICO）本质上是一种未经批准非法公开融资的行为，涉嫌非法集资、金融诈骗、传销等活动，在全国范围内取缔了ICO和数字货币交易所。

下面从具体分领域来研究互联网金融风险监管环境。

一、网络借贷："1+3"制度框架基本建立，监管备案期到来

对于网络借贷行业来说，2017年是加速合规进程的一年。年初《网络借贷资金存管业务指引》和《网络借贷信息中介机构业务活动信息披露指引》的发布，加上2016年发布的《网络借贷信息中介机构业务活动管理暂行办法》和《网络借贷信息中介备案登记管理指引》，网贷行业"1+3"监管制度框架基本建立。2017年12月8日，P2P网络借贷风险专项整治工作领导小组办公室印发《关于做好P2P网络借贷风险专项整治整改验收工作的通知》，对下一步的整改和验收工作制订了具体的工作计划和要求，明确了验收标准和具体的整改和备案时间表；此外，还要求各省（市）在2018年4月底前、最迟6月底前完成全部辖内主要网贷机构的备案登记工作。

二、网络小额贷款：禁止新批设网络（互联网）小额贷款公司

2017年11月21日，互联网金融风险专项整治工作领导小组办公室印发《关于立即暂停批设网络小额贷款公司的通知》，要求"自即日起，各级地方政府金融监管部门一律不得新批设网络（互联网）小额贷款公司，一律不得新批准小额贷款公司跨省（区、市）开展小额贷款业务。"更严格的是，12月1日，互联网金融风险专项整治工作领导小组办公室、P2P网贷风险专项整治工作领导小组办公室共同印发《关于规范整顿"现金贷"业务的通知》，对于小额贷款公司资金来源进行了明确要求，即"以

信贷资产转让、资产证券化等名义融入的资金应与表内融资合并计算，合并后的融资总额与资本净额的比例暂按当地现行比例规定实施，各地不得进一步放宽或变相放宽小额贷款公司融入资金比例的有关规定”。12 月 8 日，中国银监会下发《关于印发小额贷款公司网络小额贷款业务风险专项整治实施方案的通知》，重点清理整顿网络小额贷款公司违法违规行为，主要围绕公司经营资质、股权管理、融资端及资产端等方面开展工作。

以上三个通知的印发实施，暂停了网络小额贷款公司的批设，更是直接掐断了其加大杠杆的可能性，网络小额贷款业务的存量时代已经来临。

三、现金贷：暴利时代终结，将迎来转型发展

2017 年 12 月 1 日，《关于规范整顿“现金贷”业务的通知》印发，明确要求暂停发放无指定用途的网络小额贷款，稳步压缩存量业务，限期完成整改；未依法取得经营贷款业务资格的，任何组织和个人不得经营贷款业务；各类机构以利率和各种费用形式向借款人收取的综合资金成本，应当符合最高人民法院关于民间借贷利率的有关规定，禁止发放或配售违反法律有关规定的贷款；银行业金融机构不得为无贷款业务资格的机构提供任何形式的贷款，不得与没有贷款业务资格的机构共同出资开展贷款业务。这意味着小额现金贷款“高利贷”的时代已经过去。

四、校园贷：一律暂停网贷机构开展在校大学生网贷业务

2017 年 5 月 27 日，中国银监会会同教育部以及人力资源社会保障部联合印发《关于进一步加强校园贷规范管理工作的通知》，要求暂停网贷机构开展在校大学生网贷业务，逐步化解存量业务，坚决整治和杜绝网贷机构进行高利放贷、暴力催收等严

重危害大学生安全和影响校园环境的行为。截至2017年6月底，全国有59家校园贷平台已退出校园网贷市场，其中37个平台已关闭业务，占总数的63%；有22个平台选择放弃校园贷业务，同时转型为其他合规业务，占比为37%。

五、ICO：定性为“违法犯罪”

2017年12月13日，中国人民银行等七部委印发《关于防范代币发行融资风险的公告》（以下简称《公告》），叫停各类代币发行融资活动，要求已完成代币发行的组织和个人做出清退安排，并明确代币发行融资是一种未经批准授权的非法公开融资的行为，包括非法发售代币、非法发行证券以及非法集资、金融诈骗、传销等非法金融活动。此外，关于代币的性质，《公告》明确提出，代币发行融资中使用的代币或“虚拟货币”不由中国人民银行发行，不具有法定性与强制性等货币属性，也不具有与货币同等的法律地位，也决不能作为法定货币在市场上流通使用。

2017年9月13日，比特币中国公司发布公告，宣布在2017年9月30日前，其数字资产交易平台将停止所有交易业务。9月15日，OKCoin平台、火币网也发布公告宣布停止交易。10月31日，比特币交易正式退出国内市场。

六、互联网支付：加大对限额的管控

2017年11月13日，中国人民银行印发《关于进一步加强无证经营支付业务整治工作的通知》，重点关注对无证支付机构开展集中整治，同时还规定了持证支付机构自查内容和无证机构的排查重点以及认定标准说明。12月13日，中国人民银行又印发《关于规范支付创新业务的通知》，对非银支付机构的业务创新、竞争秩序和收单管理等进行监管。其中，明确了对小微商户收单业务监管有关规定：“用同一个身份证在同一家收单机构办理的全部小微商户受理信用卡的收款金额上限为日累计1000元、月累计1万元。”12月25日，中国人民银行印发《中国人民银行关于印发〈条码支付业务规范（试行）〉的通知》（以下简称《试行通知》），对个人客户的条码支付业务限额进行管理：风险防范能力达到B级，单个银行账户或同一客户的所有支付账户每日累计交易金额应不超过5000元，C级不高于1000元，D级不高于500元，并从2018年4月1日起开始实施。

此外，《试行通知》中还明确了条码支付业务资格和清算管理要求，比如需经营许可证；规范了付款和收款业务的管理；同时，还强调从事条码支付业务的银行、支付机构应发挥行业自律作用，并接受中国支付清算协会的自律管理。

七、交易场所：进一步加强对其与互联网平台合作的监管

2017年6月30日，互联网金融风险专项整治工作领导小组办公室印发《关于对互联网平台与各类交易场所合作从事违法违规业务开展清理整顿的通知》（以下简称《整顿通知》），要求在2017年7月15日之前停止互联网平台与各类交易场所合作，停止开展涉嫌突破政策红线的违法违规业务活动。《整顿通知》表示，一些互联网平台明知监管要求（包括交易场所不得将股权拆分发行、降低投资者门槛、以各种方式突破200人人数上限等政策要求），仍与各种交易场所合作，将权益拆分面向不特定对象发行，或以“大拆小”“团购”“分期”等各种方式突破200人限制；一些产品没有固定期限，资金和资产不能对应，而且存在资金池问题；部分产品并没有向投资者披露信息和提示风险，甚至包装高风险资产，向没有风险承受能力的中小投资者出售，一旦爆发信用风险，将很有可能影响区域性金融风险和社会稳定。

2018年3月5日，第十三届全国人民代表大会一次会议在

北京召开。李克强总理在政府工作报告中指出，要加强金融监管协调，强化对影子银行、互联网金融、金融控股公司等的监管，进一步完善金融监管，互联网金融已迎来更加完善的监管环境与发展氛围。

第三章　P2P 网络借贷监管研究

P2P 网络借贷在互联网技术支持下顺应金融创新、金融脱媒的发展趋势，以新型小额借贷的形式应运而生，其本质就是在互联网平台上的民间借贷。P2P 网络借贷进入中国已有很多年，作为互联网金融的一种重要经营模式，还是中国财经媒体和资本追逐的宠儿。然而近年来，中国网络借贷行业经历了一次具有高“爆雷”密度的行业冲击。中国的 P2P 网络借贷其实并不单纯是一个风口，其自身所具备的风险也使得 P2P 网络借贷变成了一个火山口。P2P 网络借贷对于行业风险和金融市场的连锁反应，已越来越不容小觑。

第一节　P2P 网络借贷的概念及主要模式

一、P2P 网络借贷基本概念

（一）P2P 网络借贷的定义

个体网络借贷（Peer－to－Peer Lending），通常被称为 P2P 网络借贷，是指个体和个体之间通过互联网平台实现的直接借贷，具体指有资金实力和投资理财意愿的个体通过互联网金融信息平台等中介机构，以信用贷款（或要求提供一定担保或其他）

的方式向其他有自由资金需求的个体提供小额信贷的金融模式。这是一种新型小额借贷模式，是为了顺应互联网技术支持的金融创新和金融脱媒的发展趋势而出现的，其本质就是在互联网作用下的民间借贷。

（二）P2P 网络借贷的应用渠道

P2P 网络借贷作为一种民间借贷方式，其核心价值在于降低交易成本，提高服务效率，一端满足中小微企业和个人的融资需求，另一端增加社会公众的投资渠道，从而扩大金融服务的覆盖面，使被传统金融机构高门槛拒之门外的大众人群同样有机会享受便捷、高效的金融服务，使金融回归普惠。

二、P2P 网络借贷的主要模式

根据 P2P 平台和借贷双方的关系，P2P 网络借贷的模式可以分为中介模式、信用转让模式以及公益性中介模式。

（一）中介模式

中介模式主要是指 P2P 网络借贷平台仅仅提供贷款服务资格审查信息发布、信用评级、资金转账和还款催收等辅助服务，并收取管理费或手续费，但不涉及借贷关系。这一模式是 P2P 网络借贷平台的最原始模式，典型代表如国内的拍拍贷。

（二）信用转让模式

信用转让模式是指 P2P 网络借贷平台不仅为借贷交易提供相关增值服务，而且本身涉及借贷关系。此模式的网络借贷平台（或与其有密切关系的其他方，简称关联方）首先发放贷款，与借款人建立借贷关系，取得对借款人的放款债权；再将贷款债权转让给投资人。根据平台转让贷款形式的不同，本书将债权转让模式进一步划分为“直接转让”和“间接转让”。所谓直接转让，即平台对所取得的贷款债权性质不做任何改变，直接转让给投资人。所谓间接转让，即网贷平台并非直接转让贷款债权，而是向投资人销售以贷款为基础的有价证券理财产品，最终投资人仍可获得相当于贷款利息的投资回报。

（三）公益性中介模式

公益型中介模式是指不以营利为目的的 P2P 网络借贷模式，典型代表如国外的 Kiva。Kiva 于 2005 年 10 月在美国创立，主要目的在于向发展中国家的创业者提供小额贷款。借款人根据不同区域、业务类型、风险等级等选择公司或资金方。每一个公布的贷款申请将提供每位资金方的有关简历、贷款原因和使用情况的详细信息、从其他贷方的借贷总额、贷款期限（一般为 6～12 个月），以及贷款的内在风险。Kiva 采取的是“批量贷款人＋小额借贷”模式，通常每位贷方只需支付 25 美元。一旦一笔贷款的总金额募集完成，Kiva 将使用 PayPal 将贷款转账给 Kiva 在当地的合伙人。当地合伙人一般是发展中国家当地的小额金融服务机构（MFI），负责拓展、跟踪和管理业务，同时还负责支付小额贷款，最后将到期的贷款收集返还给 Kiva，Kiva 通过 PayPal 返还给出借人。

三、P2P 网络借贷平台和银行金融机构的比较

P2P 网络借贷平台既属于信息中介机构，也属于金融机构，而且属于非银行业金融机构。网络借贷平台发布借贷信息、评估贷款风险、提供资金流转场所等，根据金融功能理论，具有金融机构的基本属性。

P2P 网络借贷平台由于是非银行金融机构，可根据其运营主体和主要出资方分为风投系、国资系、上市公司系、银行系与民

营系五类。运营主体的多样化也使得 P2P 网络借贷平台的数量在早期呈现爆发式增长。通联数据统计，2015 年 11 月，各类型的 P2P 网络借贷平台总量达到 3506 家，而其中民营系为 3204 家，占比高达 91.4%。此后 P2P 网络借贷平台数量呈逐年下降的趋势，这一变化主要是由于监管趋紧的形势下民营系平台数量减少，但风投系和国资系平台数量则长期呈现上升趋势。直至 2018 年 6 月，由于资金链断裂问题的出现，风投系和国资系平台频频出现“爆雷”，导致平台数量骤然下降。从创立伊始到频频“爆雷”，各类 P2P 网络借贷平台数量的爆发增长和骤然下降都表明其扩张迅速和抗风险能力低的特点。其虽与银行等金融机构有相似性，但在风险防范方面又与银行金融机构有着显著的差异：

首先，网络借贷平台的信息发布和信息评估可以扩大借贷交易范围和规模，降低借贷成本，并加速贷款这一金融产品的市场交易，起到促进资金融通的效果。

其次，互联网天然的信息整合功能和“开放、平等、分享”精神在一定程度上缓解了金融活动的信息不对称，大数据和云计算技术有助于快速、准确、全面地获取、分析和监控交易对方的信息，提高参与者的风险识别能力。

再次，网络平台上公开的贷款利率和期限可以引导有效的贷款资源投向需求最迫切、回报最高的借款方，从而优化社会资金配置。

最后，在担保模式下，第三方机构或网络借贷平台为投资者承担风险，实现风险转移。

同时，网络借贷平台不具有银行创造存款货币的本质功能，属于非银行金融机构。尤其是在中介模式下，网络借贷平台仅提供信息发布、信息审核、还款催收、系统维护等服务，显然不同于银行业务。

第二节　P2P 网络借贷行业的风险分析

一、非法集资风险

尽管 P2P 网络借贷平台仅仅是一个交易平台和中介，基本不参与资金借贷，但由于 P2P 借贷平台的借款人具有“承诺在一定期限内给投标人（出资人）还本付息”“向社会公众和不特定对象筹集资金”等类似特征，结合上述各类模式的介绍，P2P 网络借贷平台还可能存在融资性担保、集合理财计划、专业放贷、小额贷款业务、证券化等行为特征，在 P2P 网络借贷平台自律性不强、公开宣传未受有效约束、投资者整体风险意识和风险承担能力较弱、缺乏有效外部监管等情况下，很容易触犯非法集资、违法经营等法律红线。

二、信息披露涉及的风险

信息披露涉及的风险是指 P2P 网络借贷平台因未披露借款人的信息或平台的运营信息而给投资者带来的风险。P2P 网络借贷平台只有主动披露这些情况，才能使投资者更好地了解平台的风险，进而做出合理的投资决策。然而，目前我国大多数 P2P 网络借贷平台并未披露这些信息，即使有些平台披露了自己的财务信息，但却很少披露坏账率指标，而这恰好是投资者最关心的指标。

三、信贷技术风险

信贷技术风险是源头风险。P2P 网络借贷平台的一个重要职能是为小微企业和自然人之间的小额借款进行信用审核，其较大比例的贷款是无抵押、无担保和纯信用性的。针对小额借款的居间服务及小额借款本身可以获得更高的收益，但是与传统的银行借贷相比，其相对风险是比较高的，它必须依靠适当和专业的贷款技术，例如交叉核对和社会化指标系统，以弥补缺乏财务数据和担保抵押品的短板，以更为客观和准确地揭示借款人的信用状况和信用风险。依靠网络实现信息对称和信用评级具有较大难度和不确定性风险。

四、信用风险

P2P 网络借贷平台的信用风险主要是指违约风险，即借款人不能按期足额还款所带来的风险。违约风险产生的原因主要有两个：一是借款人无还款意愿，二是借款人无足够的还款能力。这两种原因导致的违约风险可能源于 P2P 网络借贷平台对借款人信息审核和额度授信的把控不足。因此，我们将违约风险分为信息审核风险和额度授信风险。

信息审核风险是指 P2P 网络借贷平台未采用合适的信贷审核技术而导致的风险，主要包括未能鉴别借款人所提供资质证明材料的真伪和身份的真伪等情况。我国大部分 P2P 网络借贷平台的贷款为信用贷款。对于信用贷款，平台大多采用的是信用评级方式对借款人提供到平台上的个人借款信息、财产状况、信用记录等信息进行综合评定，并给予信用评定，然后再按照信用登记匹配。

额度授信风险是指由于国家政策、经营环境、平台客户等外部因素发生变化以及平台内部风控制度、授信制度不完善而造成的违约风险。

五、P2P 网络借贷平台退出风险

随着我国民间借贷市场的发展，P2P 平台快速发展，但从 2013 年起，P2P 平台风险事件频发（见图 3－1），市场开始关注当P2P平台面临关停等退出风险时，如何采取措施才能保障借贷双方合法权益。随着P2P网络借贷平台在期限配置失衡、风险控制能力不足等问题的暴露，因P2P网络借贷平台倒闭而涉及的资金规模将会继续扩大。然而，当前关于P2P网络借贷平台如何退出，如何保障借贷双方的合法权益，都没有具体的法律依据。

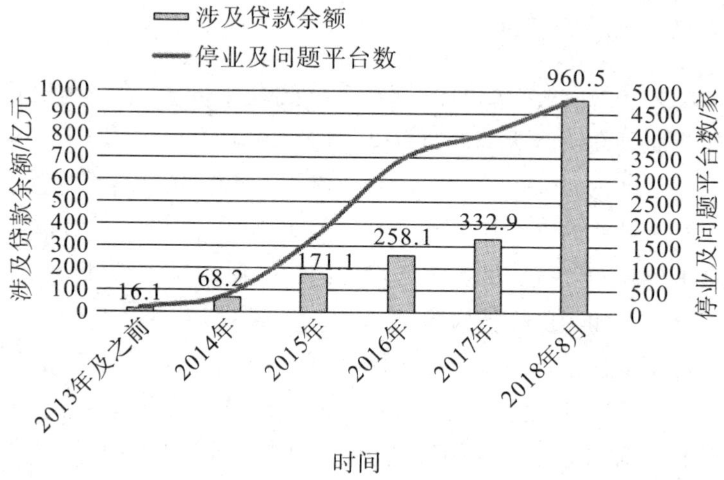

图3－1　截至2018年8月P2P网络借贷平台停业及问题平台发生数和涉及贷款余额①

可见，P2P网络借贷平台退出时借贷双方将面临很大风险。随着相关法律与机制的健全，P2P网络借贷平台退出风险将得到缓释。

① 数据来源：网贷之家、东吴证券研究所。

第三节 基于层次分析法的 P2P 网络借贷平台风险评估研究

一、研究背景

由于 P2P 网络借贷行业在 2018 年 6 月前后发生了频频"爆雷"的严重问题，其信息披露风险和 P2P 网络借贷平台退出等严重风险问题导致投资人的资金安全无法得到保障，带来巨大的社会影响。网贷之家专栏报告，在 2018 年 7 月 6 日，杭州的孔明金融信息服务有限公司旗下的人人爱家 P2P 网络借贷平台偿付困难，使得这一规模为 232 亿元的大型平台出现逾期问题。在后续杭州市公安局经侦处介入后发现，该平台在逾期出现的前一个月就未继续使用银行存管系统进行资金托管，涉嫌挪用投资人资金和违反借款人归还的款项。[①] 后续多家 P2P 网络借贷平台出现的偿付困难和跑路等情况引发了巨大的社会问题，使得整个互联网金融行业都受到波及，因此通过可量化的模型对 P2P 网络借贷平台的潜在风险进行评估既是必要的，也是迫切的。

二、研究方法

（一）相关研究综述

目前关于 P2P 平台相关指标的数据来源较少，而且主要来源于平台公布的数据再汇总形成的，缺少权威的监管机构进行统计公布，风险评估的数据采集存在一定困难。基于这样的数据情

① 陈文：《分析：杭州 P2P 爆雷潮幕后的深层原因》，https://www.wdzj.com/zhuanlan/shendu/8－8679－1.html。

况，过往的学者关于P2P风险评估的研究尝试了多种研究方法。傅彦铭和臧敦刚等（2014）根据P2P贷款数据高维度、非线性以及小样本等特点，选择了支持向量机方法来评估其信用风险，实证结果表明P2P网络借贷的信用风险主要由几个关键属性决定；同时，使用支持向量机技术评估信用风险的准确率为85.6%。[①] 阮素梅、何浩然等（2017）首先从"人人贷"官网上提取了30169个样本，对原始数据集进行预处理，尤其是仔细处理了不平衡数据集；其次对处理后的数据集采用决策树和支持向量机（SVM）算法，构建平台中的借款者违约风险评估模型；最终确定决策树和SVM模型可以有效地预测借款人的违约概率。[②] 阮素梅、何浩然等（2017）考虑到要对P2P网络借贷平台的相关风险进行长期监控跟踪，使用层次分析法对于量化与定性的数据进行了汇总分析，并形成相关评估模型。宋琳（2017）通过模糊层次分析法探讨了导致P2P网络借贷行业风险的关键因素，并对其风险进行评估，这是国内学者在实证研究中的有力补充。其研究得出了目前我国P2P网络借贷行业处于很高风险状况的结论，并基于风险评估结果给出了相应的风险防范措施。[③] 同样的，张成虎和武博华（2017）通过向在银行从事信贷工作的专业人员发放调查问卷，确定具体指标，并运用层次分析法（AHP）与决策实验室法（DEMATEL）全面确定指标体系权重，最后评级结果以百分比给出，并转换为特定信用等级，有效解决了平台对借款人信用评级的度量。[④]

---

① 傅彦铭、臧敦刚、戚名钰：《P2P网络贷款信用的风险评估》，《统计与决策》，2014年第21期，第162～165页。

② 阮素梅、何浩然、李敬明：《P2P借贷中借款人的违约风险评估——基于"人人贷"数据的实证分析》，《经济问题》，2017年第12期，第45～50页。

③ 宋琳：《基于模糊层次分析法的P2P网贷行业风险评估研究》，《东岳论丛》，2017年第10期，第96～101页。

④ 张成虎、武博华：《中国P2P网络借贷信用风险的测量》，《统计与信息论坛》，2017年第32卷第5期，第110～115页。

（二）研究方法选择

考虑数据的可获得性和风险评估需要考量因素的多样性，本书对于 P2P 网络借贷平台风险评估选择用层次分析法进行模型构建。层次分析法是在 20 世纪 70 年代中期由美国运营科学研究员托马斯·塞蒂正式提出的。它是一种结合定性和定量的系统分层分析方法。层次分析法的基本步骤如下：

（1）建立层次结构模型。在对问题进行深入分析的基础上，根据不同属性将有关的各个因素自上而下地分解成几个层次，同一层的因素受上层因素影响或对上层因素有影响，同时又支配下层因素或受到下层因素的作用。顶层为目标层，通常只有一个因素；底层通常是方案或对象层，中间可以有一个或几个层级，通常为标准或准则层。当准则层过多（例如超过 9 个）时应进一步分解出子准则层（见图 3−2）。

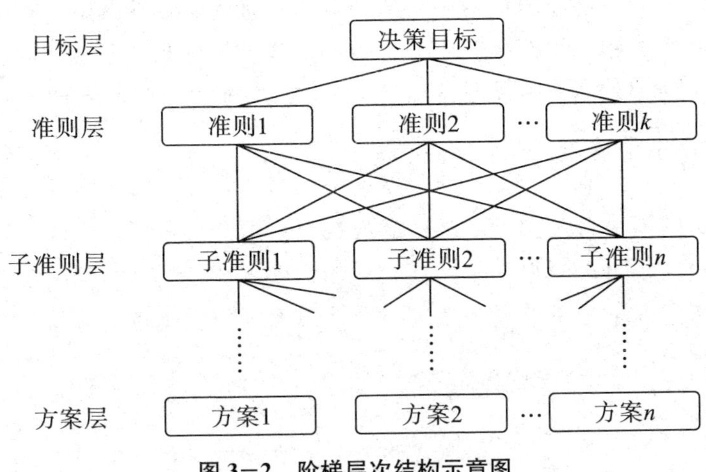

图 3−2　阶梯层次结构示意图

（2）构造成对比较阵。从层次模型的第 2 层开始，对于从属于（或影响）上层每个元素的同一层因子，使用成对比较法和

1~9比较比例构建比较阵（见表3-1），直到底层。

表3-1　元素指标的重要性比较及相关含义

B_i/B_j	含义
1	表示 B_i 与 B_j 相比，具有同等重要性
3	表示 B_i 比 B_j 稍重要
5	表示 B_i 比 B_j 明显重要
7	表示 B_i 比 B_j 强烈重要
9	表示 B_i 比 Bj 绝对重要
2、4、6、8	如果两者之间的差异在两者之间，则取预估判断的中间值
倒数	如果元素 i 与元素 j 重要性的比率为 A_{ij}，那么元素 j 与元素 i 的重要性的比率为 $1/A_{ij}$

（3）计算权向量并进行一致性检验。针对每一个成对比较矩阵计算最大特征根和相应特征向量，并且将一致性测试、随机一致性指数和一致性比率用于一致性检验。如果测试通过，特征向量（标准化后）即为权向量；如果没有通过，则需将其重建为一对。

（4）计算组合权重向量并进行组合一致性检验。计算底层对目标的组合权重矢量，并根据公式执行组合一致性检验，若检验通过，则可按照组合权向量表示的结果进行决策，否则，需要重新考虑模型或重建具有较大一致性比率的成对比较矩阵。

三、评估指标的确定

P2P网络借贷平台风险的评估围绕着平台的主要网络借贷业务指标进行。因此，构建P2P网络借贷平台风险评估模型就要基于平台主要业务的经营情况进行，评价各个平台在一段时期内的经营指标水平情况将能极大限度地反应潜在风险问题，从各个平台多个维度的业务指标进行分析还能进一步指出平台在运行过程中的薄弱点。

（一）指标设置的原则

本部分的评价指标选择要与 P2P 网络借贷业务发展的趋势相契合，然而 P2P 网络借贷发展迅速，出现了较多问题，因此评价其风险情况是一项复杂的系统工程，单一的指标无法准确分析与评估每一个平台的风险情况。因此从一般金融风险理论及 P2P 网络借贷平台业务指标着手，建立综合的风险评估体系，以便准确地对风险进行判断，从而给出准确而科学的评价。在设置指标时，应遵循目的性原则、科学性原则和实用性原则。

目的性原则是指选取的指标应该有明确目的。本部分的研究是针对 P2P 网络借贷平台风险评估，目的在于使所构建的指标体系可以综合评估各个 P2P 网络借贷平台的运营情况，对于各个平台的抗风险能力有一个全面的认识，最终能应对潜在风险。

科学性原则是指评价指标必须能科学地分析 P2P 网络借贷平台运营状况。科学的金融风险理论依据必不可少，指标的选择要有实际的意义。所以，指标的挑选必须具有准确性、精选性和关键性，不能因指标选取过多而使指标体系过于繁杂，不便操作，也不能因指标选取过少而使指标体系过于简单，导致结果不能反映实际情况。

实用性原则是指研究的结果具有一定的实用价值，因此在指标的选择上也同样应该切合实际，对研究机构、企业等在实际操作中有实用价值。

（二）指标体系的构建

国内外学者对于 P2P 网络借贷风险评估的多层次指标体系

构建已有很多研究成果。张巧良（2015）指出可设置两级指标，一级指标从法律风险、市场风险、信用风险及技术风险等 8 个层面对于 P2P 网络借贷平台进行考量。类似地，谢朝阳（2017）进一步实践，通过层次分析法对于我国 P2P 网络借贷平台进行风险评价时构建了两级指标：一级指标 6 项，包括利率指标、人气指标、流动性指标、分散指标、合规指标及背景强度指标；在此 6 项指标下设置了共计 20 项二级指标，并对主流 P2P 网络借贷平台的风险情况进行了评估。

本部分的评价参考已有研究，围绕一般风险性指标及平台日常运营情况指标进行分析，并结合已有研究成果中的指标体系进行构建，即从成交规模、人气热度、平台运营和投资分散度 4 个维度的 15 个指标对目前 P2P 网络借贷平台运营情况进行分析（见图 3−3），并以此测度 P2P 网络借贷平台的风险情况。

一级指标中的 4 个维度均是与 P2P 网络借贷平台运营风险密切相关的指标，如果各平台的这些指标数据显示良好，则代表平台在运行过程中风险较小。

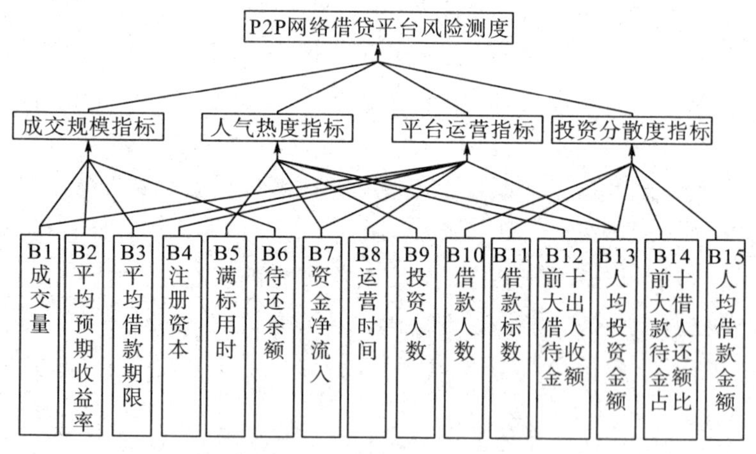

图 3−3　P2P 风险测度指标体系

1. B1 成交量（万元）

成交量指标是指的“平台在某一时间段内，吸收的投资者的投资总额”，又称“成交规模”“交易量”“交易规模”等。平台的成交量，就是指在某一段时间内，该平台所有投资者所投资总额的总和，反映的是一个平台吸纳资金的能力。从P2P网络借贷平台风险评估角度来说，平台成交量越高，相应的抗风险能力就越强。

2. B2 平均预期收益率（%）

平均预期收益率一般为平台投资人所投资金的7日年化利率，并加上投资奖励返现的金额，共同进行计算后得到的数据，一般预期收率越高的平台更能吸引投资者参与投资。

3. B3 平均借款期限（月）

平均借款期限指的是所有投资借款标的平均期限。

4. B4 注册资本（万元）

注册资本指的是平台在成立注册时的资本金额，一般注册资本金额越大的平台相对越稳健。

5. B5 满标用时（分）

满标用时即所有借款标的满标时间的平均值，是某笔贷款最后有效投资与第一次有效投资之间的时间间隔。

6. B6 待还余额（万元）

待还余额是指截至某一时间，所有借款人未归还的本金总额，是该平台未返还给投资者的最低金额。

7. B7 资金净流入（万元）

资金净流入是指所有的投标金额在一定时间内减去所有的还款金额（按本金计算）。在一定时间段，平时用的最多的单位是日、周、月三个时段。该指标主要是响应平台主体的变化。在一定时间段内，当平台的投标金额大于其还款金额时，待收本金通常随平台一起增加。

8. B8 运营时间（月）

运营时间指的是平台从最初撮合投资人与借款人开始，截至统计时间点的经营业务的时间。

9. B9 投资人数（人）

投资人数即在平台上至少投资一次的总人数。

10. B10 借款人数（人）

借款人数即在平台上至少借过一次款的总人数。

11. B11 借款标数（个）

借款标数是在平台上现有总共的借款项目数量。

12. B12 前十大出借人待收金额占比（%）

前十大出借人待收金额占比是指平台中前十名用户在特定时间点接收总金额的比例。

13. B13 人均投资金额（万元）

人均投资金额即平均每位投资人的投资金额，是有效投标总额（原则上与成交额相等）与投资总人数的比值。

14. B14 前十大借款人待还金额占比（%）

前十大借款人待还金额占比指的是仍处于平台前 10 名的借款人在某个时间点偿还的比例。对于网络借贷平台而言，前十大借款人待还金额占比过高，不仅会降低平台抵抗风险的能力，还会增加虚假标的风险。前十大借款人待还金额占比可以在一定程度上体现平台的安全性。

15. B15 人均借款金额（万元）

人均借款金额即平均每位借款人的借款金额。

四、基于层次分析法构建风险评估流程

（一）数据来源及标准化

本部分所选取的指标数据来源于 P2P 网络借贷行业较为权

威的“网贷之家”平台的统计数据。考虑到在 2018 年 6 月开始发生了 P2P 网络借贷平台“爆雷”问题，因此本处选择“爆雷”发生后 7 月份的月度统计数据评估平台的风险情况。在评估对象方面，本处选择的是在 2018 年 7 月份成交量排名前 15 名的 P2P 网络借贷平台（见图 3－4），主要是一般投资人和借款人都以“成交量”这一指标来对 P2P 网络借贷平台进行评价。

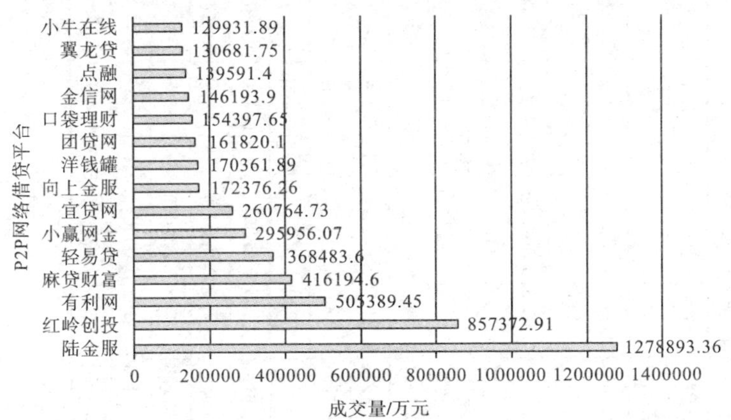

图 3－4　2018 年 7 月 P2P 网络借贷平台成交量前十五名①

从上述基于成交量的排名中可以看出，各个平台成交量差距极大。其中排名第一的陆金服平台的成交量是排名第十五名小牛在线平台成交量的 10 倍，各项指标的极差十分不利于层次分析法的计算。而且由于各个指标的含义不同，若直接使用，则无法准确反映不同作用力的综合结果。为了消除两极差异导致的数据之间的非可比性，对每个指标进行无量纲标准化处理，得出处理后的指标数据见表 3－2。

① 数据来源：网贷之家。

表 3-2　无量纲标准化处理后的指标数据①

平台	B1	B2	B3	B4	B5	B6	B7	B8	B9	B10	B11	B12	B13	B14	B15
陆金服	1.0000	0.0764	0.0000	0.0204	1.0000	0.0000	1.0000	0.5750	0.7968	0.5124	0.0554	0.9959	0.6297	1.0000	0.0284
红岭创投	0.6331	0.5930	1.0000	0.0041	0.9838	0.9104	0.6649	1.0000	0.3134	0.0016	0.0450	0.9926	1.0000	0.0000	1.0000
有利网	0.3268	0.2126	0.2399	0.0000	1.0000	0.8914	0.0442	0.4125	0.7346	0.2640	0.8850	0.9998	0.2272	0.9893	0.0209
麻袋财富	0.2491	0.4485	0.3352	0.0245	1.0000	0.9237	0.0664	0.1375	0.3038	0.6045	0.9181	0.9766	0.4627	0.9979	0.0064
轻易贷	0.2076	0.1196	0.8737	1.0000	0.9995	0.9561	0.1057	0.1500	0.1160	0.0393	0.0096	0.4460	0.8911	0.9723	0.0928
小赢网金	0.1445	0.0000	0.6797	0.0612	0.9993	0.9147	0.1641	0.1875	0.4770	0.2941	1.0000	0.9393	0.1867	0.9936	0.0101
宜贷网	0.1139	1.0000	0.5085	0.0204	0.9771	0.9793	0.1367	0.2750	0.0768	0.0038	0.0409	0.9624	0.7977	0.9552	0.2516
向上金服	0.0369	0.6246	0.2188	0.0204	1.0000	0.9802	0.1522	0.3375	0.3311	0.0413	0.1725	0.9925	0.1338	0.9574	0.0405
洋钱罐	0.0352	0.6728	0.8230	0.0204	1.0000	0.9917	0.1789	0.0000	0.1188	1.0000	0.6288	0.9769	0.3672	0.9936	0.0000
团贷网	0.0278	0.4485	0.3569	0.0216	0.0000	0.9136	0.0000	0.5000	1.0000	0.0276	0.0049	1.0000	0.0000	0.9851	0.0529
口袋理财	0.0213	0.6811	0.9946	0.0000	1.0000	1.0000	0.1413	0.1250	0.2686	0.8950	0.1508	0.9867	0.1473	0.9318	0.0001
金信网	0.0142	0.2691	0.7630	0.0204	0.6020	0.9549	0.2894	0.2750	0.0000	0.0000	0.0000	0.9874	0.9927	0.9638	0.1993
点融	0.0084	0.5698	0.1407	0.1020	0.9999	0.9372	0.1258	0.4000	0.5266	0.0647	0.7959	0.0000	0.0405	0.9104	0.0215
翼龙贷	0.0007	0.1279	0.7343	0.0204	0.9149	0.9219	0.0403	0.7000	0.0942	0.0178	0.0016	0.9764	0.3164	0.9701	0.0586
小牛在线	0.0000	0.3223	0.6051	0.0216	0.9779	0.9412	0.1378	0.3625	0.4596	0.1149	0.0324	0.9932	0.0456	0.9382	0.0110

① 根据网贷之家数据计算得出。

（二）指标权重的确定

现在需要对 P2P 网络借贷平台的风险情况进行识别，根据以上建立的 P2P 风险评估指标体系，通过层次分析法对各指标的重要性进行分析。对于权重的确定，本部分邀请互联网金融风险管理的专家来进行打分比较，从金融风险管理的角度对各个指标的重要性进行评判；并求各个矩阵的最大特征根及其对应的特征向量，即得出各因素的权重；最后将矩阵转置，化为表格形式，得到决策者对于每个准则的重要性的评价（见表 3－3）。

表 3－3　第一层级指标权重结果

第一层级指标	权重
平台运营指标	0.6064
投资分散度指标	0.1993
成交规模指标	0.1154
人气热度指标	0.0790

在通过专家分析评判后得到了第一层级指标的要素重要性比较的判断矩阵，计算矩阵的特征向量，并对矩阵做一致性检验，得出第二层级指标层对应目标层级指标的权重结果（见表 3－4）以及权重排序（见图 3－5）。

表 3－4　第二层级指标对应目标层权重结果

第二层级指标	权重
B8 运营时间	0.1962
B1 成交量	0.1919
B13 人均投资金额	0.1188
B15 人均借款金额	0.0848

续表

第二层级指标	权重
B3 平均借款期限	0.0708
B10 借款人数	0.0586
B2 平均预期收益率	0.0557
B5 满标用时	0.0465
B4 注册资本	0.0436
B6 待还余额	0.0397
B7 资金净流入	0.0319
B11 借款标数	0.0264
B14 前十大借款人待还金额占比	0.018
B12 前十大出借人待收金额	0.012
B9 投资人数	0.0051

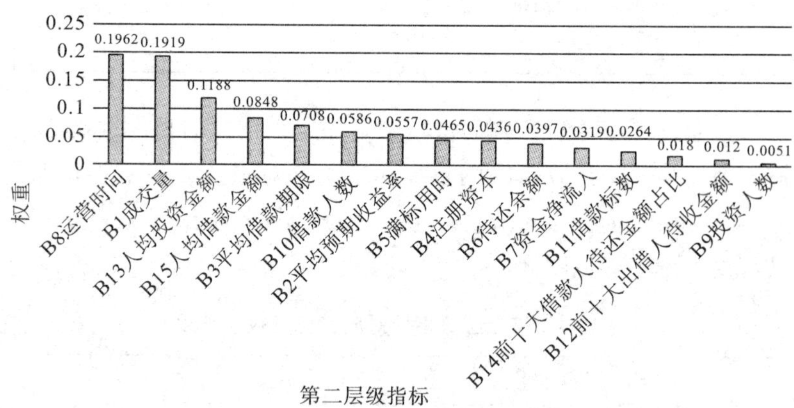

图 3-5　第二层级指标对应目标层权重排序

从层次分析法的结果来看，P2P 网络借贷平台的风险情况与运营时间和成交量这两项指标关联较大。这与一般分析经验相契合，即能长期运营的 P2P 网络借贷平台和成交规模较大的平台具有良好的抗风险能力。在第一层级指标中，平台运营指标对于目标层的权重更是高达 60%，体现出 P2P 网络借贷平台的运营情况对于平台潜在风险具有重要影响。

本处评估所选择的平台都是在 P2P 网络借贷平台频频出现“爆雷”后依然在经营且成交量位居前列的平台。但正如前文对于 P2P 网络借贷平台风险评估中权重设置的原则所指出的，不能仅仅从成交量来分析其潜在风险，而是要从多个维度进行考量。

对前述 15 家 P2P 网络借贷平台进行加权打分，分数越高则其抗风险能力越强，平台的运营越稳健。综合得分靠前的平台运营指标表现良好。其中红岭创投平台在层次分析法模型计算后排名第一，超过了之前成交量排名第一的陆金服平台，原因在于这两个平台虽然成交量差距不大，但是红岭创投在平均借款期限和运营时间两个运营指标方面均明显好于陆金服平台，因此其综合排名上升至第一位，在全部存续经营的网络借贷平台中具有最强的抗风险能力，最为稳健。加权分数排名与之前成交量排名相比下滑大的 P2P 网络借贷平台存在更大的潜在风险。其中有利网和麻袋财富平台排名均下滑 3 位，向上金服下滑 4 位，小赢网金和团贷网平台下滑 5 位。其中，团贷网更是从排名第十位下滑至最后一名。上述平台的排名大幅下滑体现其在经营过程中抗风险能力较差，在多维度指标评估过程中体现出来其不如其他平台运营稳健。另外，平台排名下滑过大，也要进一步通过第三方机构检测和监管机构监督检查，以防出现其虚构成交量，伪造业绩吸引用户，进而引发更大的风险问题。

第四节　P2P 监管的必要性和适度性

一、P2P 监管的必要性

凯恩斯学派认为，市场中存在各种导致市场失灵的市场缺陷，市场缺陷致使市场资源配置功能丧失、经济运行效率降低，具体包括市场不完全竞争、外部性、社会不平等。互联网金融市场作为市场经济的一部分，如果也存在上述缺陷，那么对其予以法律监管就是合理且必要的。本书认为，P2P 的运作、特征和发展态势表明，互联网金融市场同样存在不完全竞争、外部性和不平等等一系列缺陷，因此政府干预也很有必要。

（一）P2P 市场不完全竞争明显

在 P2P 网络借贷模式下，平台对借款人进行信用评级和投资者决定是否放贷时，往往面临分析数据不足的困难。如果交易对手的信息获取能力较强，则会产生信息不对称问题。

（二）P2P 市场也存在外部性

P2P 市场外部性主要表现为风险的制造和扩散。P2P 在运作中不断积聚风险，在损失承担责任不明的情况下，经营平台为赚取更多手续费，必然会加速业务扩张以创造收益，而业务链条上任何一个环节上的风险触发都会逐步传递到整个金融市场。

（三）P2P 市场同样存在不平等因素

以 P2P 网络借贷和网络微贷为例，贷款发放前，平台会对借款人进行信用评分，评分越高，得到的贷款额度越大、期限越长、利率越低，而借款人的资产实力、身份地位以及其历史交易的规模、频率、对象等都属于影响评级的重要因素。

二、P2P 监管的适度性

1973 年，罗纳德·麦金龙和爱德华·肖提出金融自由化理论。他们认为，发展中国家普遍存在金融压抑的问题，对本国金融发展和经济增长构成严重阻碍。所谓金融压抑，是指市场机制没有得到充分发挥、金融资产单调、金融机构形式单一、金融管制过多和金融效率低下等现象的概称。金融自由化理论说明，虽然 P2P 市场需要政府监管，但政府监管也存在失灵问题，而且逐步放松管制是顺应市场发展规律的应有之举。

首先，政府监管应尊重 P2P 平台的自主经营权，鼓励后者在法律范围内创新产品和服务方式，以适应市场公众多样化的消费需求，提高资金使用效率。其次，政府监管应重在纠正 P2P 市场中的重点问题，实行“底线监管”。最后，政府监管必须注重成本-效益分析，明确各监管机构的职责权限，建立不同监管机构间的协调配合机制，避免将行政资源用于不必要的监管事项，力求在耗费最少成本的同时取得最大监管效益，提高资源配置效率、优化监管措施，使政府行为更具可行性和科学性。

监管 P2P，首先应明确由谁监管，即监管部门的机构设置以及监管职权的分配和行使机制。我国当前由中国人民银行负责金融体系的稳定，银监会负责 P2P 机构的行为监管，地方政府金融管理部门负责机构监管以及风险处置。P2P 应该由一个部门统一负责还是由不同部门分管，同时，对 P2P 实行功能监管还是机构监管，以及对 P2P 具体的监管范围仍是值得深入研究的问题。

第五节 发达国家 P2P 的监管实践

一、美国

美国的 P2P 业务模式以 Lending Club 的模式最为典型（见图 3-6）。从监管模式来看，美国对 P2P 的监管具有典型的伞形监管特征。

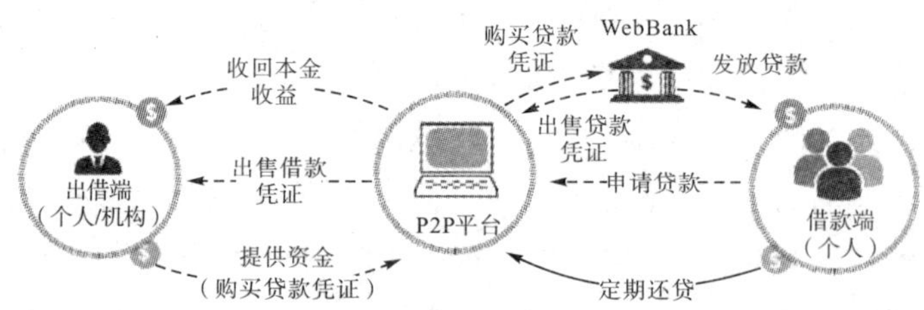

图 3-6 美国 Lending Club 的 P2P 模式①

（一）监管机构

美国 P2P 监管形成以证券交易委员会为中心的多头监管体系，监管职责由联邦和州监管机构以及众多行业自律组织共同承担，其金融监管具有明显的行为监管特征。除此之外，联邦存款保险公司（FDIC）、消费者金融保护局（CFBP）、联邦贸易委员会（FTC）也依据《金融服务现代化法案》和《多德-弗兰克华尔街改革和消费者保护法》等法规，按照各自职能对 P2P 网络借贷平台开展相关监管工作。以上机构均是联邦层面的金融监管部门。

① 资料来源：罗兰贝格、平安证券研究所。

（二）重视消费者权益保护

美国在P2P监管上不断完善相关法律法规，加强对投资人和借款人的保护。总体来看，美国的法律制度框架包括联邦和州政府两个层面。这充分体现了监管机构对消费者权益保护立法工作的重视，并且既保护投资人，也保护借款人。联邦层面的法律主要包括《1933年证券法》《诚信借贷法》《平等信贷机会法》《公平信用报告法》等。

（三）全面的信息披露与风险提示

要确保投资人在进行网络借贷交易决策时所需信息不存在错误、遗漏或误导的情况。P2P网络借贷公司应严格履行对外信息披露责任，必须完整、及时、准确地向投资人披露与网络借贷经营相关的重要信息。根据规定，P2P网络借贷平台需要在提交的年度报告等规范文件中提交非常详细的信息披露，如公司的年度报告等，包括公司的基本情况、经营模式、风险情况、贷款集中度、合规情况、高管人员以及公司财务状况等方面的信息。

二、英国

英国的P2P模式相对于美国来说，融资链条相对简单（见图3－7）。从监管角度来看，英国对互联网投资和融资方面的监管相对较早。英国金融市场行为监管局宣布从2014年4月1日起加强对P2P借贷和公共融资平台的监管。英国金融行为监管局（Financial Conduct Authority，FCA）在众筹融资的背景下分为捐赠众筹、预付及回报众筹、贷款众筹、投资众筹以及其他豁免等五个类别，建立了平台最低审慎资本标准、客户资金保护规则、信息披露制度、信息报告制度、平台关闭后合同取消权、贷款管理安排和争端解决机制等七项基本监管规则，其中信息披露规则是监管的核心规则。

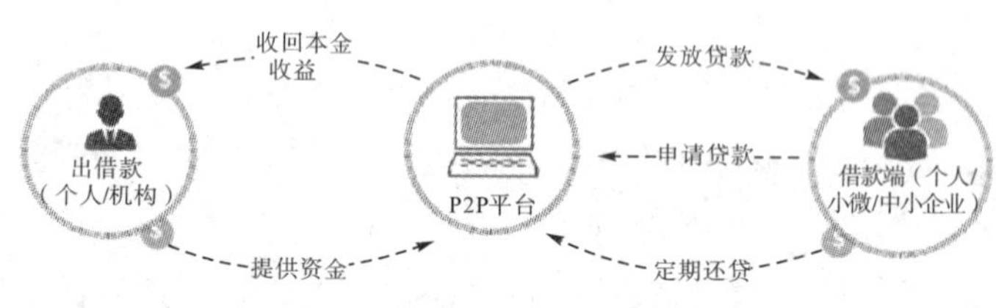

图 3－7　英国主要的 P2P 模式①

三、欧盟

欧盟主要基于现有法律框架对网络借贷业务进行监管，同时非常注意对网络借贷业务特殊风险的防控。欧盟对 P2P 的监管坚持适度审慎原则和保护消费者原则，并特别强调各国的联合监管。欧盟银行监督机构认为，P2P 监管仅仅局限在国家层面是不够的，必须加强国际间的监管合作。尽管具体的监管工作主要由欧盟各成员国内监督机构负责，但欧洲中央银行发挥着重要的监督协调功能，确保各成员国对网络借贷采取一致性监管原则。监管的重点领域主要集中在以下三个方面：一是跨区域、跨行业开展业务情况，包括金融机构间的合并和联合、跨境交易活动等；二是防范重要风险，包括操作风险、网络安全风险等；三是提升技术服务支撑能力。

四、法国

在法国，P2P 借贷和众筹都属于“参与融资”类型，法国金融审慎监管局对 P2P 借贷和众筹行业中的机构准入和个体行为进行监管，法国金融市场监管局对行业规范和涉及金融市场和产品的部分进行监管，法国财政和经济工业部则负责起草、修改和

① 资料来源：罗兰贝格、平安证券研究所。

完善相关法律。

五、日本

日本将 P2P 网络贷款视为非银行金融公司资金借贷，纳入贷金业监管范畴，主要通过《贷金业法》《出资法》和《利息限制法》等法律法规进行监管，其中着重强调贷金业者的行为规范。

第六节　我国 P2P 监管现状及存在的问题

一、我国 P2P 监管现状

（一）监管理念

我国对 P2P 的监管始终坚持以风险为本。2014 年 10 月 9 日，时任中国银行业监督委员会副主席阎庆民提出了互联网金融发展方向的新视角：监管政策的制定和监管行为均应以风险管控为根本目标，对互联网监管应采取鼓励创新与规范发展并举的监管原则，强化对监管理念、制度、策略的完善、创新和提升。对监管后的网络借贷行业将出现什么样的发展趋势，社会各个层面均提出了各自的意见和建议：一部分人认为监管细则对互联网金融的管制应该不会特别严格，一部分人则认为监管后的互联网金融行业容易形成区域性局部垄断的态势。互联网金融的持续健康发展关键在于金融市场的充分竞争，网络借贷行业为我国把握金融风险管理与金融创新的关系创造了一个试验机会，这种创新的互联网金融业务将对我国传统金融业起到很好的补充作用，有效发挥及完善我国金融体系的作用。此外，它对我国创新金融监管理念和模式也是一种探索。既然是民主化的行业，就是跟随客户需求、适应市场变化不断创新的行业，所谓低门槛行业则应该是一个以市场为导向的行业。如此看来，P2P 行业内部更有可能继续维持市场竞争格局。互联网金融对于缓解民营企业融资难、融资贵具有重要作用。

（二）制度规定

2015 年 7 月 18 日，中国人民银行、中国银监会等十部委联合印发《关于促进互联网金融健康发展的指导意见》，明确规定，“个体网络借贷要坚持平台功能，为投资方和融资方提供信息交互、撮合、资信评估等中介服务，个体网络借贷机构要明确信息中介性质，主要为借贷双方的直接借贷提供信息服务，不得提供增信服务，不得非法集资”。2016 年 8 月 24 日，银监会等四部委联合印发《网络借贷信息中介机构业务活动管理暂行办法》（以下简称《办法》），《办法》第二条明确，“网络借贷信息中介机构是指依法设立，专门从事网络借贷信息中介业务活动的金融信息中介公司。该类机构以互联网为主要渠道，为借款人与出借人（即贷款人）实现直接借贷提供信息搜集、信息公布、资信评估、信息交互、借贷撮合等服务”。《办法》发布后，有关部门于 2016 年底和 2017 年发布了《网络借贷信息中介机构备案登记管理指引》与《网络借贷资金存管业务指引》《网络借贷信息中介机构业务活动信息披露指引》，至此，“1+3”的行业监管体系形成。

（三）监管措施逐步收紧

从 2016 年初开始，上海、北京、深圳乃至全国的金融监管部门和工商登记部门，陆续暂停对带有“互联网金融服务”及类似字样的企业进行登记；同时，各地广告管理部门也对 P2P 网络借贷平台的推送广告进行严格规范。2016 年 4 月，国务院召开视频会议，宣布将在全国范围内开展为期一年的互联网金融风险专项整治工作，并提出重点整治 P2P 网络借贷等领域。2016 年 10 月，国务院正式公布互联网金融专项整治工作的相关文件，明确将国内现有的 P2P 网络借贷平台分为以下三类：一是合规类，支持和督促其合规发展、规范经营；二是整改类，要求其限期整改，整改不到位的依法处置；三是取缔类，直接依法给予行政处罚或追究刑事责任。2017 年 12 月，国家层面发布了《关于做好 P2P 网络借贷风险专项整治整改验收工作的通知》，该通知对下一阶段 P2P 网络借贷平台的整改验收工作做出了具体、详细的部署。根据该通知的精神，全国各地相关金融部门须在 2018 年 4 月底前完成辖内主要 P2P 机构的备案登记工作、6 月底之前全部完成。该通知发布后，各地金融办相继出台了备案细则。

二、我国 P2P 监管存在的问题

（一）监管主体职责不明确

相关监管机构仅仅在涉及本机构的职权范围内进行监管，没有形成多机构有机协调监管的局面，难免会出现监管职权的重叠或部分事项监管真空，以及对整个互联网金融风险监管的统筹尚不明确。

（二）P2P 预防监管措施缺乏

自 P2P 网络借贷在我国诞生以来，平台数量和贷款总额增长迅速，但是由于金融业的风险特征，如不采取有力有效的监管措施，将给我国金融业的长期稳定发展带来风险隐患。此外，因缺乏常态化的监管制度导致监管缺乏权威性。金融监管机构的常规性监管多以“通知”“提示”监管形式进行，远不如法律法规有效，同时缺乏长期有效性，不利于网络借贷行业的正常化发展。

（三）征信体系不健全

信用信息的获取是P2P网络借贷行业面临的最大难题，不可避免地增加了网络借贷行业的运营成本和运营风险。由于P2P网络借贷平台通过网络完成整个贷款流程，这就要求信息披露必须充分、详细、准确。与此同时，P2P网络借贷平台自身的信用信息系统建设尚处于初级阶段，这导致网络借贷平台的信用评级缺乏合理性和客观性。

第七节　P2P风险防控的政策建议

一、逐步完善风险内控体系

总体来看，P2P网络借贷平台风险内控体系的建立应当覆盖借贷业务全流程，即贷前审查和贷后管理。贷前审查主要按照业务受理、资信调查、信息录入、初审、评级、终审意见来决定项目能否线上融资。贷后管理主要按照监督体系，对融资项目的还款逾期、经营业务异动、行业生态异动、重大风险事件进行检测，以防止违约的发生与损失的扩大。与贷前审查和贷后管理相匹配，P2P网络借贷平台应建立合理的组织架构、信贷政策原则、客户信用评价体系和数据信息系统等。

二、设立P2P行业市场准入制度

在互联网金融风险整治工作开展前，由于我国网络借贷行业准入要求较低，申报成立手续简单，相对经营规范的机构也只需进行工商注册，报送相关申报材料到地方金融监管部门备案审核后到通信管理部门申请 ICP 备案，再向工商部门申请在“经营范围”中增加一项“互联网信息服务”，其后即可开展相关网络借贷业务。有些网络借贷机构甚至没有进行相关的注册登记和备案。由于 P2P 网络借贷行业属于新兴金融业态，与其他传统金融行业有所不同，不会被作为正规的金融机构进行严格监管，加之民营融资担保公司总体经营情况不佳，大量没有金融业务和资质背景的企业（部分为科技公司）涌入网络借贷行业，造成整个行业良莠不齐、乱象丛生。因此，中国银保监会应会同市场监管部门、中国人民银行、通信管理部门、网络监管部门等从注册资本、股东资质、公司治理、内部风控机制、科技条件等方面，对 P2P 网络借贷平台行业设置较高的准入标准，建立市场准入制度。

三、建立风险准备金制度

这一制度现已被许多类型的金融机构借鉴和采用。监管机构应对风险准备金的提取、覆盖率、管理和使用做出具体规定。首先，可以参考《贷款损失准备计提指引》《融资性公司管理暂行办法》和当前已建立风险准备金账户的 P2P 网络借贷平台做法，每月提取特殊风险拨备金，权重的计算和计提比例的制定由每项资产的风险评级确定。其次，平台需要每季度提取一般准备金，其余额不得低于年末担保责任余额的 1%。最后，网络借贷平台要定期公布风险准备金余额，以便平台用户查阅。

四、建立动态的风险防控制度

中国银监会及其派出机构应建立动态的风险防控系统，制定 P2P 网络借贷平台运营风险指标，确保平台在运行过程中能够满足持续性经营的各方面要求。中国银监会及派出机构应当通过定期收集相关数据、现场检查等，督促其采取应对措施。特别有必要评估资本充足率、杠杆率、保证收益率和稳健性以及金融稳定性，防止担保能力与杠杆率不匹配所带来的风险。

五、建立P2P多层次监管体系

为了促进P2P网络借贷行业的良性发展，需要构建地方政府监管、行业协会自律监管及平台与民间借贷登记服务中心合作等多层次的监管体系。

（一）地方政府监管

网络借贷平台属于小型和微型金融机构，对其进行机构监管和行为监管的权力应从中央金融管理部门下放到地方金融监管部门，由各省（市）根据实际情况，制定各省（市）行业监管办法和发展指导意见。应尽快出台上位法，严格要求P2P网络借贷平台在当地政府金融监管部门备案，并接受当地金融监管部门的机构管理，使地方政府金融监管部门合法行使监管职权，同时建立健全中央金融监管机构派出机构与地方金融监管部门的信息共享和联动处置机制。

（二）行业协会自律管理

在各国的金融监管中，行业自律组织发挥着不容忽视的作用。行业自律组织负责制定行为规范，鼓励协会成员遵守行业规范，实现自我约束和自我保护。行业自律协会非常专业，熟悉金融市场的法律和金融活动的运作。与政府监管相比，其管理方式更加灵活，也更接近市场经济规律，因此需要发挥其独特作用。

（三）平台与民间借贷登记服务中心合作

P2P 网络借贷平台应强化与民间借贷登记服务中心合作，推动借贷双方在中心进行登记，从而有效降低和预防风险，促使矛盾纠纷得以快速解决，为借款者和贷款者双方提供有效保障，也更有利于 P2P 网络借贷平台的标准化和阳光化发展。

六、加强对网贷平台在线企业的信用评价

从互联网金融风险专项整治工作来看，在网络借贷平台上注册的企业已先后停止营业，主要原因是信用评级不完善。因此，必须加强对这些线上企业的信用评估。例如，大数据可用于控制 P2P 网络借贷平台在线企业的信用风险。具体而言，红岭创投等的交易金额可以作为基础数据，结合当月的问题平台数量、累计问题平台数量和投融资者的反馈，再汇总以上所有信息进行一个全面的信用评级。重点围绕风控等级和透明等级两方面来进行评级。

（一）风控等级

评价平台安全性的最重要因素之一是 P2P 标的的质量。目前，网络借贷行业的风险控制形式主要有信用贷款、资产担保贷款模式（房屋、车辆等资产）、风险准备金担保和上诉方式的混合贷款模式。同时，大数据风控模式的使用一般都与风险控制水平相关，通常该指标的权重为 30%。

（二）透明等级

投资标的的透明程度对投资者也具有较高的参考价值。透明程度越高，就能更好地帮助投资者掌握资金流动情况。网络借贷平台应主动提升透明度，让金融投资者更好掌握“3W”基本情

况，即 Where、Who、How（在哪里投资、投资给谁、怎么做出投资决策）。因此，透明度也是判断标的质量的一个非常关键的因素。在风险控制级别之后我们使用透明级别作为第三维度来评估投资标的的整体质量，通常具有 20%的权重。

第四章　网络银行监管研究

银行是人类社会在长期发展进程中的产物，是人类文明发展的重要成果，是技术应用方面的先行者。在以计算机和互联网为代表的信息技术主导的年代，推动创新的根本力量在于技术的研发和更新，金融行业也处在信息技术不断扎根和渗透的大环境中。网络银行的兴起就是其一。

本章以银行电子化的产生及其发展历程作为切入点，对网络银行的现状及其监管形式进行分析，进而剖析我国互联网环境下网络银行风险监管的难点和痛点，试图构建我国网络银行风险防范与风险监管的宏观框架。

第一节　银行网络与网络银行

当今社会处于信息高度发达的网络经济时代。银行业一方面利用网络经济带来的优势，另一方面又在创新发展中不断推动网络银行纵深化拓展。网络银行不再是单纯的“网络+银行”复合模式，而是在“互联网+”的时代背景下将传统银行业引向高度集约化的模式。

一、网络银行的概念和性质综述

熊彼特（1912）在其《经济发展理论》中强调新技术的发

明、应用和推广是促成经济发展和商业循环的主要原因。熊彼特提出了技术创新理论，该理论为探讨金融业中的技术创新问题奠定了基础。科学技术对金融创新的影响主要从降低交易成本、创造全球性的金融市场、为相对复杂的金融创新工具提供技术保证这三个方面来实现。网络银行最早诞生于美国，美国学术界最早开始对网络银行进行理论和实证研究。美国经济学家阿伦·H.利普斯（1990）认为，网络银行风险主要来源于互联网的技术层面。除此之外，网络银行跟其他金融产品一样，也包括操作风险、信誉风险、法律风险等。美国财政部货币总监署发布的《网上银行业务技术风险管理指引》（1998），紧接着在《总监手册——互联网银行业务》中，要求各全国性银行及相关监督机构注重该项业务的风险控制和检查要点。[①] 巴塞尔银行监管委员会针对网络银行技术风险管理及跨国监管发布的《电子银行业务风险管理原则》（2003）指出，互联网所提供的金融服务，一方面将会推动传统银行业务模式变革，另一方面也会提高其自身的不确定性风险。随即，巴塞尔银行监管委员会成立了网络银行联合组织，将网络银行风险控制的重视程度上升到国际水平。

由于网络银行的发展还处在起步阶段，因此我国对网络银行的风险研究起步也比较晚。[②] 杨力（2006）将网络银行风险界定为两部分，一类是网络环境本身所具备的特有风险，另一类是传统银行风险在网络环境中的风险暴露。[③] 王新立、张扬（2007）认为网络银行风险管理的前提在于合理界定网络银行业务及其所

---

① 吕明瑜：《网络银行的风险与法律对策》，《金融理论与实践》，2004 第 2 期，第 43～45 页。

② 彭湘君：《网络银行的实证经济学分析》，《金融与经济》，2004 年第 12 期，第 17～18 页。

③ 杨力：《网络银行风险管理》，上海外语教育出版社，2006 年，第 162 页。

面临的风险。[①] 马蔚华（2008）用网络银行最具实践意义的典型代表——招商银行为例，以实际数据强有力地证明了网络银行的创新对于再造招商银行的战略意义，这也是我国网络银行创新实现银行再造的最成功的案例，对传统的银行业具有相当的借鉴意义。[②]

不同国家和机构对网络银行的看法存在着较大的差异。美联储对网络银行的定义为："利用因特网作为其产品、服务和信息的传输渠道，向其零售和公司客户提供服务的银行。"美国财政部货币监理署（OCC）经过研究指出，网络银行是银行客户能够通过个人电脑或其他智能设备来访问账户，并获取银行有关产品和服务的系统。

二、网络银行的特征

对于区分网络银行的不同类型，目前比较普遍的一种分类方式是根据银行是否设置分支机构，将提供网络银行服务的机构分为两大类：分支型网络银行和纯网络银行。总体上讲，网络银行提供的服务一般包括两类：一是传统商业银行业务品种在网络上的实现，另一类是完全针对互联网特性来设计的创新业务品种。

在传统商业银行业务方面，网络银行涉及的服务主要包括信息提供、决策咨询、账务查询、电子支付等内容。在针对互联网特性来设计的创新业务方面，网络银行利用互联网的特点，研究不同客户需求，开辟出更多便捷的智能化、个性化、增值化的服务。除此之外，网络银行还具有提供咨询金融信息的功能，在一定程度上，以资金、账户托管等为手段，对客户资金提供专业性

---

① 王新立、张杨：《网络银行风险界定、识别与管理》，《理论前沿》，2007年第15期，第45～46页。

② 马蔚华：《网络银行再造招行》，《电子商务世界》，2008年第5期，第15～16页。

的建议和方案。通常来讲，网络银行具有三大共同特征：以客户为导向，以技术为支撑，以安全为根本。

（一）以客户为导向

从过去注重金融产品的开发和管理，到如今的以客户为核心，网络银行的营销理念演绎了一系列变化。“量体裁衣”“量身定做”的个人金融产品，就是满足不同客户金融和财务需求的产物。其既解决了客户的金融疑问和困难，又使客户感到解决方案的个性化和定制化，让其拥有灵活可控的资金。网络银行是网络优势和技术创新的结合体，使银行客户服务在时间、空间、方位和方式上都得到了拓展。

（二）以技术为支撑

高新技术在金融业得以不断运用，为银行业带来了金融工具和产品的创新。技术的更新赋予了网络银行网络的生命力，技术力量是网络银行赖以生存的核心所在。绝大部分业务通过因特网进行并由系统软件处理，使得网络银行在电脑系统软件的开发、应用和管理能力方面超出了传统银行。同时，技术创新也是各国商业银行进行个人风险评估和控制的重要手段之一。

电脑软件系统是网络银行顺利运作的核心，其平稳运作不仅依赖于高度发达的通信技术，也需要开发能力强、了解银行相关业务的软硬件企业、网络服务提供商、数据处理平台及社会资信咨询的协同合作。海通证券研究报告显示，以信息技术作为关键核心业务的特点，也是网络银行区别于传统银行的最大竞争优势（见表 4—1）。

表 4-1　传统银行与网络银行的核心业务和竞争优势[①]

比较项目	传统银行	网络银行
核心业务	资产负债	信息和服务
竞争优势	规模优势	平台优势
	资本优势	资源获取优势
	产品和牌照优势	数据分析优势
	人员和网点优势	思维模式和资源整合优势

（三）以安全为根本

互联网开放式的网络环境是一把“双刃剑”，网络银行对自身安全性的建设至关重要。网络银行由于其本身所处环境的特殊性，很容易受到入侵者或网络病毒的攻击，具有较高的不确定性。因此各家商业银行将在未来加大投入力度，以提高网络操作环境的安全性。

三、网络银行对传统银行的冲击

金融行业向来是以自由竞争为博弈的终极方向。网络银行的出现无疑对传统银行造成了很大压力，传统银行不得不寻找一种成本更低、自动化程度更高的服务路径。在这场金融业的“革命”里，网络银行利用一台互联网环境下的计算机，消除了在时间、空间方面存在的差异，让银行无处不在，让客户无须身处网点，任何时间、任何地点都能享受高效、及时和便利的金融服务。因此与传统银行相比，网络银行的优势非常明显。

---

① 资料来源：海通证券研究所。

（一）低廉的经营成本

网络银行无须实体组建，节省了大量房屋和人工费用。统计显示，网络银行的创建费用与传统银行开设一个小分支机构的费用相差无异。通常情况下，网络银行利用四通八达的网络，可将服务提供给全国甚至全世界的网络使用者。而在服务成本方面，由于网络银行运营成本较低，可将节省的成本与客户共享，通过低收费甚至部分服务免费等方法将客户引导分流到网络银行上来，真正实现通信费用低、无纸化操作、产品价格竞争力强以及成本控制等目标，这也凸显了银行业改革的一个基本方向，即集中有限的资源，有效培育和运用自身的核心能力，降低成本，提高效率和盈利水平。

（二）高效率的服务水平

传统商业银行服务是通过广设网点来为客户提供服务的。但由于时间、地域以及服务品种的局限，银行仍无法避免客户奔走于企业与银行之间的现象，有时甚至还需排队，这显然不符合现代人们追求快捷优质服务的要求。网络银行则解决了这一问题。网络银行通过网络将服务送到客户面前，既能让客户享受到方便快捷的自助式服务，又能使银行在不耗费更多财力、人力的前提下为客户提供更高效率的服务。

（三）银行竞争突破国界变为全球性竞争

传统银行是通过设立分支机构开拓国际市场的，网络银行可以通过互联网更广泛地收集分析最新金融资讯信息，以电子手段提供资金转账、咨询等服务。客户在任何地方都可以接受银行的在线服务，网络银行以最快捷便利的方式将其金融业务和市场延伸到全球的每个角落。网络资源的全球共享性，使银行与用户能全面地了解对方的信用及资产状况，从而减少信用风险和道德风险。通过私密性与标准化服务，网络银行吸引和保留优质客户。在开放体系下，网络银行可以利用互联网科技快捷转换不同国家的语言，为国际市场的开拓提供了便利。

四、我国网络银行发展现状

我国在20世纪90年代初就已经开始了银行业电子化。我国首家网络银行始建于1998年3月，由中国银行和世纪互联有限公司联合推出。1998年4月，招商银行率先启动网络支付等业务，随后各大银行纷纷开始拓展网络银行业务。在规模快速扩张的同时，我国网络银行业务水平不断提高，服务品种不断增多，覆盖地域也在不断拓宽，除了传统意义上的信息和咨询服务外，网络银行还涉及资金管理、理财产品买卖、代理支付以及银证转账等多项服务。

经过多年的探索，网络银行业务功能进一步完善，网络银行用户数、交易量迅猛发展，业务品种涵盖企业银行业务和个人银行业务两大领域。中国工商银行、招商银行已逐渐在业务品种、服务水平、覆盖地域等方面逐渐成为我国网络银行业的典范，与发达国家网络银行的差距越来越小。但是，网络银行的安全性问题近年来也备受关注，这些都为我国网络银行未来发展过程中亟待解决的问题。

第二节　银行电子化及其发展历程

一、银行电子化的产生与发展

快速发展的电子技术，遇到处在变革阶段的银行业，二者的碰撞进一步促进了银行电子化的快速兴起。银行电子化在20世纪50年代至80年代发生了巨变（见表4−2）。在信息化技术与网络技术飞速发展的经济新时代，银行电子化不仅在服务范围与种类上飞速拓展，也在无形中改变着社会经济运行与人们的生活方式。

表4−2　银行电子化发展历程

所属阶段	开始时间	事件
单机独立作业阶段	20世纪50年代	银行电子化最早始于美国，得益于计算机在银行的应用，这是银行电子化的初级阶段。这一时期，由于计算机数量小、种类少、功能简单、体积庞大以及价格昂贵，因此一定程度上限制了银行电子化的应用。这一时期的银行业务仅限于数据量大、计算简单、重复次数较多的传统业务，如记账、编表、分析等，计算机的使用提高了这类业务的处理速度。但在这一时期，每项业务是由单机独立进行操作的，统一的银行电子化系统尚未形成。
联机综合作业阶段	20世纪60年代中期	以大规模集成电路为标志的第三代电子计算机的出现。这是银行电子化的过渡阶段。这一时期计算机的信息处理功能大大增强，计算机通过通信线路与远距离的终端相连接，提供实时和分时等多种业务处理方式，从单机分批处理逐步转向联机实时处理。银行通常将主机放在中心分行，各分支机构配备终端设备，主机与终端之间以通信线路相连。银行的业务处理趋向整体化、综合化，各项业务处理之间的联系不断扩展和加强，银行开始逐渐形成较完整的金融电子化系统。

续表

所属阶段	开始时间	事件
终端作业阶段	20 世纪 70 年代初期	随着通信技术和计算机技术的结合，多台计算机实现了数据传输，多台计算机及其终端设施可联成网络，银行电子化进入高度发展阶段。这一阶段，各国纷纷建立全国性的综合银行网络系统，运用电子计算机网络将全国银行的分支机构联成一体，利用强大的网络功能，对全国性业务数据进行综合处理，建立银行管理信息系统和决策支持系统。通过电子计算机的汇总和分析得出资金运动及货币运动的规律，成为银行进行决策的重要依据，从而提高银行的运作质量和经济效益。
社会化阶段	20 世纪 80 年代后期	随着新的电子终端设备的出现，新的支付工具如电子货币等应运而生，电子计算机在社会各个领域得到广泛运用，银行电子化进入社会化阶段。这一阶段，银行在整个社会经济生活的重要性越来越高，各国开始建立以电子银行为中心的连接企业、家庭、个人的全社会计算机网络，企业银行、家庭银行、社区银行等新型银行服务机构应运而生。在社会化银行网络里，社会经济的各部门、单位和居民个人都可以通过计算机网络及其终端设备完成各种金融业务。

二、银行电子化的概念

根据我国著名银行电子化专家张成虎（1997）的观点，当人力资源、信息技术、网络通信叠加形成一个信息网络，按照统一标准完成视频、音频、图形、图像等不同速率的传送，为信息网络提供了更多的交换和增值服务，这种集服务、管理、经营为一体的信息网络便是所谓的“银行电子化”。

从上述定义可以看出，解放劳动力是银行电子化的主要驱动力。银行电子化的内容包括设计业务处理方式、服务方式、货币形式、资金传输方式、经营管理方式等方面，可分为服务项目和服务渠道两大部分。

首先，银行电子化开发了新的服务项目。在货币形式上，随着信用卡使用量的日益增加，传统意义上的现金货币逐渐被“电子货币”取代。银行的业务处理方式由人工用纸处理转变为信息自动处理，降低了信息采集、处理、管理成本。在资金传输方式上，随着“电子货币”使用率的增加，信息网络中布满了“电子货币”，这是银行电子化的最关键的环节。

其次，银行电子化拓宽了服务渠道。银行的业务渠道由单一化和固定化逐步转变为自动化和专业化，从而改变了客户享受金融服务与金融产品的方式。其中，以人工处理方式为主的传统业务开始转向以系统处理为主的自动化业务，以直接人工服务为主的服务形式逐渐转向为以信息服务为主的自动机械形式，例如自动柜员机、电话银行、电脑银行等，这些已逐渐成为银行电子化的外在表现形式。除了业务处理和服务手段电子化，更重要的是银行经营管理和战略管理的信息化。

三、银行电子化的特点

（一）服务交易大众化

当前，商业银行在体验到银行电子化带来的高效率后，对于银行电子化的认同正日趋提高。随着电子银行开户数量的不断提高，银行电子化业务的交易额也不断增长，并且这一趋势有望长期保持并延续。

（二）服务产品多样化

以自助银行、电话银行、网络银行、手机银行等为主要服务形式的现代银行，成为银行电子化发展历程中的重要产物。银行电子化的纵深发展使得各家银行为提高市场占有份额纷纷加大产品研发投入，持续优化产品和服务，不断打造以信息技术为核心的多元化服务模式。金融与创新二者的融合不断深化，也不断发展。

（三）服务形式自助化、深入化

通过使用自动设备，银行与客户从“人与人”转变为“人与信息”，自动化、个性化的服务应运而生。随着手机市场的占有份额逐渐增加，我国电子银行渠道已初具规模，在未来手机与银行的深入结合将优化银行业务形式，引领银行电子化业务进入新的发展阶段。

（四）业务处理面向客户服务

银行电子化业务的处理方式逐渐由内部处理到面向客户服务，从单一计算机作业到电子数据库集中记录，再到包括银行内部终端和客户终端的业务处理，例如无人银行、自助银行等模式。这类信息终端利用公共平台，包括电话、因特网等手段提供实时、高效的银行服务。

第三节　网络银行的传统风险与新风险

商业银行传统业务存在的风险主要是存贷等表内业务中蕴藏的信用风险、系统性风险、流动性风险等。作为传统银行的延伸和创新，在开放的网络环境下，客户可以随时随地以多种交互方式进入网络银行办理各种业务。与传统银行面临的风险相比，网络银行本身具备的虚拟性使其呈现出复杂性和多样性，其风险不仅涉及网络银行自身的经营和管理，网络环境的开放性也放大了这类风险涉及的范围。简单来说，我们将网络银行面临的风险分为两大类，第一类是网络银行的传统业务风险，第二类是互联网时代衍生出来的新风险。

一、网络银行的传统业务风险

网络银行作为银行业务的传输渠道之一，可以创造性地实现绝大部分的传统银行业务，因此也会产生一般传统银行所具有的业务风险。但由于运行环境在开放空间下的不确定性，传统意义上的银行风险具有了全新的特征。

（一）信用风险

信用风险又称违约风险，是指合约到期时，交易中的一方不能履约或不能完全履行其合约义务的风险。这类风险是传统业务风险中最为普遍的，一切合约活动都具有此类风险。当银行通过契约协议与交易方达成借贷需求，信用风险便由此产生了，2017年我国上市银行整体不良率在1%～2%之间（见表4-3）。在网络银行虚拟的交易环境中，交易双方在辨别身份、责任区分等环节面临更多困难，从而使得其信用风险更易发生。

表 4-3　2017 年我国上市银行整体信用风险相关指标①

	上市银行16 家口径	大型银行	股份制	城商行	农商行
不良额（百万元）	1243636	849441	372501	43750	4894
不良率	1.55%	1.52%	1.70%	1.16%	1.51%
拨备/总贷款	3.01%	2.92%	3.17%	3.31%	3.64%
逾期/总贷款	2.06%	1.85%	2.64%	1.69%	1.88%
不良/逾期 90 天以上	118%	132%	96%	104%	127%
逾期/总变动（bps）	+2	+2	−0	+7	+16
不良/逾期 90 天以上（bps）	+0.5	+0.0	+2.4	−2.6	−4.7

（二）法律风险

当交易双方未建立权利与业务对等的法律关系，从而违反合同约定，做出违背法律法规的行为，法律风险便产生了。这类风险通常会使银行名誉受损，业务扩展机会减少。因此，法律风险往往会使网络银行面临法律的惩处，承担如罚款、罚金、赔偿损失以及合约无效等后果。

（三）流动性风险

流动性风险是指交易双方在履行合约到期时，无力兑付或偿还的风险。这类风险较常出现于网络银行的货币业务中，因为交易双方时间、空间的不确定性，使得电子货币的兑付与结算需要具备较高的流动性。否则，流动性风险将使银行信誉受到影响，从而陷入流动性风险的恶性循环中。

① 数据来源：兴业证券经济与金融研究院整理。

（四）利率风险

利率风险是指因为市场利率变动，对银行造成损失的可能性。这类风险较常出现于网络银行的借贷业务中，网络银行为资金供需双方提供了一个具备公信力的平台，使得潜在客户以最优利率的条件达成交易。但是市场的不确定性会带来利率变动，从而引发资产价值变动。利率风险的存在也要求网络银行管理者需要保持适当的资产负债比例。在国际市场上，利率风险主要表现为汇率风险。由于其本身所处网络环境的无国界特征，交易双方从事跨国金融业务时往往会因为两国外汇汇率的变动，使得其资产负债表出现账面亏损，引发汇率风险。

二、互联网时代衍生出的新风险

网络银行存在和获利的基础环境是网络。而网络强调的是一种开放的、无排他性的网络环境，因此在网络环境多样化的渠道里，往往会衍生出新的风险。

（一）运行风险

运行风险主要是指银行工作人员因欺诈、错误、误操作等人为原因，带来银行资产的损失。信息技术的介入提高了运行风险发生的概率，使得运行风险无处不在。网络银行中的任何一个环节，如认证、控制、监管、信息披露等，都面临着运行风险。而网络环境中的不确定性，更是使得银行交易系统在内外部服务提供商的运营过程中漏洞重重。信息技术的快速发展，还会带来技术过时、客户误操作等风险。网络银行既颠覆了传统银行单一的运营模式，也使得运行风险频发的网络环境需要更高效、更严格的风险内控体系，从内而外地预防风险和降低风险发生的概率。

（二）战略风险

战略风险是指银行在面临日常经营决策错误或决策执行不当时，银行的收益或资本发生变动的负面影响。我们将银行实现战略目标所必须具备的网络资源分为两类：以计算机硬件、软件、传输网络等为主的有形资源和以专利、管理层信誉等为主的无形资源。当银行管理层未能恰当地计划这些资源，没有正确理解和应用该网络技术，或者管理部门未能处理好这些资源产出的产品、服务、过程和传送渠道时，银行则无法根据市场需求的变化及时调整和决策，战略风险便产生了。战略风险的存在，使得银行管理者们迫切需要在复杂多变的市场环境中保持冷静和清醒的头脑，前瞻性地把握市场的走向并准确了解金融市场需求变动，从而实现速度与质量双赢的战略目标。

（三）信誉风险

信誉风险是指银行行为引发负面舆论，从而使得银行资产或客户出现流失的风险。如果银行在广告中夸大宣传，或者不能提供准确及时的服务，把实际功能并不符合宣传的网上银行系统推向市场，银行便将面临信誉风险。信誉风险的存在将有碍于银行客户关系的开发与维护，削弱银行为当前保有客户的服务竞争力，也会降低银行对于潜在客户群的转化能力。银行服务层级的断裂最终会导致整个网络银行系统出现危机。

（四）跨境风险

跨境风险是指网络银行在地域范围内的扩展，本质上可以无限延伸，但服务半径的有限性会带来跨国界风险。在不同国家的法律环境中，网络银行业务上的责任划分存在模糊和重叠的问题，当银行业务延伸至另一个国家，银行服务的供需双方往往会因为经济、社会和政治环境的不同而难以履行合同义务，从而出现跨境风险。跨境风险是一种综合性风险，是上述几种风险因素叠加之后带来的风险。截至2019年6月30日，我国证监会已与64个国家和地区的证券期货监管机构建立了跨境监管与执法合作机制。如何有效提升监管合作实效是我们必须研究的重要课题。

（五）外包风险

外包风险主要是指银行在既定服务能力范围内，将银行部分信息委托给外部第三方信息技术服务提供商，在双方同意的服务水平基础上购买外包服务，由其提供银行所需的信息服务时所带来的风险。随着银行竞争日渐激烈，客户需求的个性化以及成本效益的最大化考虑都使得各家银行不断增加外包服务。外包服务通常会涉及相关信息资产和信息技术服务的提供，因此对信息的管控不当会引发外包风险。

第四节　网络银行风险防范与监管框架的构建

一、监管模式

当前国际上的网络银行风险监管模式主要可分为两类，即以美国为代表的审慎宽松模式和以欧洲为代表的适度审慎模式。在审慎宽松模式下，美国金融监管当局一方面强调网络交易安全性、消费者权益重要性和银行经营的稳健性，另一方面认为网络环境的开放性将会促进银行等金融机构降低成本、共享资源和鼓励创新。监管当局主要通过补充法律法规的形式来完善和适应银行业务在网络环境开展的需求。而在适度审慎模式下，欧洲金融监管当局将金融监管目标确定为将高效运行环境与保护消费者权益相统一，强调地区合作，推动金融产品和服务的交互。因而在这一模式中，监管当局需要具备严格和完善的法律框架，以应对网络环境中可能出现的各类风险。

针对我国当前金融所处的网络环境，鉴于业务发展时间短、基础设施不完善、监管实践经验薄弱、法律法规体系不健全等现状，本书认为我国网络银行风险监管的首要目标是安全和稳健。目前我国大多数银行在当前金融市场中，各类风险频发而欠缺法律制度加以规范和约束，因此难以采取与美国类似的审慎宽松模式，而需从监管立法的角度建立起我国的网络银行风险监管体系。

二、监管层次

我国的网络银行监管主要涉及三个层次。宏观层面上，对网络银行风险控制是在国家层次上对金融经济风险的监管，主要包括自上而下对金融安全和经济安全的评估和针对网络银行系统风险各种环境及技术条件的监管，创造有利于国家经济实体有效运行的网络银行系统。中观层面上，对网络银行风险控制是在行业层次上的监管，建立和谐有效的央行与地方银行的关系。微观层面上，对网络银行风险控制是在企业层次上的监管，主要体现在三个方面：一是对网络银行安全性能的监管，二是对网络银行所涉及的国内及国际制度的监管，三则是对消费者群体与网络银行之间关系和权益的监管。在银行的具体经营活动中建立完善的内部环境，加强岗位管理，从而提高网络银行核心竞争力。

三、监管规则

以国际市场为例，网络银行监管规则可划分为消费者个体权益保护、法律法规实施、跨境监管规则协调三个方面。在消费者个体权益保护层面上，通过制定网络银行信息披露规则，保障其网络信息的可靠性、消费者隐私权、业务流程的合法合规性。在法律法规实施层面，通过建立跟踪交易机制，及时有效地对可疑交易实施监管，并建立权责分明的执法体系，保障信息安全。在跨境监管规则协调层面，主要通过建立跨地区网络银行合作组织，对涉及跨境跨区域的业务规则进行协调，减少跨境冲突。

四、监管内容

当前各国对网络银行监管的具体内容主要可分为两大类，第一类是市场机制的监管，第二类是业务层面的监管。

在市场机制的监管上，网络银行的开设需要满足一系列门槛要求并报监管机构审批，例如注册资本和规模、业务范围与流程、办公场所、风险揭示、处置规划等。网络银行设置分支机构，还另需考核其总行是否承担相对应的承诺。为防止重要信息泄露，保护消费者权益和国家经济安全，近年来，网络银行的退出机制越来越受重视，各国都想方设法通过“严进严出”的方式加强网络环境的信息安全。

在业务层面的监管上，网络银行所从事的业务范围以及组织结构将被纳入审慎监督范畴。在常规检查的基础上，监管当局一般还将考核网络银行的资本充足率、流动性、交易系统安全性、客户隐私信息保护、记录的及时性和有效性等，通过高密度的指标体系使网络银行业务能够在安全透明的框架中顺利运行。

我国的网络银行监管内容主要也包括上述两部分内容。选择市场准入对象时，监管机构会严加审查各金融机构是否具备开展网络银行业务的各项条件，并充分利用现场检查和非现场监管来规范网络银行业务。当前监管机构对银行传统业务的检查尚属薄弱，对网络银行的检查则更是稀少。因此，需借鉴国外优秀网络银行的监管模式，结合我国网络银行的具体情况，一方面将先进实践经验为我所用，另一方面也要建立与中国国情相适应的网络银行风险监管系统。

第五章　第三方支付监管研究

信息化时代最重大的金融服务变革之一，就是第三方支付的兴起。近年来，第三方支付作为支付系统的一股新兴力量，商业银行纷纷将其列为重要的金融创新方向和业务增长点。经过仅十余年的迅速发展，第三方支付机构已经成为我国支付服务市场的重要补充力量。基于互联网和移动通信而迅速发展起来的电子支付，不仅改变了传统的生产模式，同时也改变了传统的支付习惯，成为世界经济新的增长点。为了全面认识第三方支付对传统金融的冲击和影响，有效处理第三方支付在发展过程中遇到的种种问题，本章以金融支付的创新作为切入点，通过梳理金融支付体系的发展，分析第三方支付发展历程、发展现状、发展过程中存在的问题，并通过介绍第三方支付的功能与风险，从而指出对这些风险进行防范和分析有着重要的现实意义。最后针对第三方支付的各类风险，对风险管理的影响因素和它们之间的关系做出分析研究，构建起第三方支付监管框架，并结合研究结论提出一些防范风险的措施和建议。

第一节　第三方支付的概念与模式

一、第三方支付的界定

最早对于网络支付系统分类的界定标准是 Medvinsky 和 Neuman（1993）提出的资金转移。Cindy Claycomb 等（2005）从 B2B 模式下电子商务的影响进行分析，从而表明其对工业市场带来的推动作用。[①] Dan J. Kim（2005）以 eBay 公司为案例，阐释了包括银行、消费者信用组织、信用卡授权机构等在内的电子商务线上模式。[②] Jean－Michel Sahut（2001、2008）在银行业大背景下分析了不同的网络支付方式，将网络支付定义为一种集中处理资金转移指令的通信系统，从而延伸出了衡量支付安全的 9 大指标（身份识别、保密性、身份鉴定、数据完整性、客户可解性、不可抵赖性、耐久性、流动性、匿名性），并赋予这些指标不同的权重。

随着电子商务在我国的发展日趋成熟稳定，运用范围日益广泛，国内对于第三方支付已经有了一定的学术研究成果。尽管早年国内对第三方支付尚无专业且权威的定义，但我国研究学者对于第三方支付给出了多角度的定义和分析。李绪亮（2006）将第三方支付定义为一种建立在消费者与银行、买方与卖方之间的交

① Cindy Claycomb，Karthik Iyer，Richard Germain. Predicting the level of B2B e－commerce in industrial organizations，Industrial Marketing Management，2005（34）：221－234.

② Dan J. Kim，Yong I. Song，Braynov S. B.，et al. A multidimensional and content analyses of academia practitioner perspectives. Decision Support Systems，2005（40）：143－165.

易关系。[①] 近年来，国内学者也开始了有关第三方支付风险和监管的研究。路运锋（2010）主要针对信息不对称问题，催促有关部门制定相关的监管法律法规。[②] 赵小波、孙英隽（2012）从博弈论的视角，深入剖析了上述信息不对称问题并提出了解决办法。[③] 李颖、田敏（2013）在此基础上提出了评估风险的量化指标，并通过实时监测将动态结果数据化指标化。[④] 赵昕、王静（2006）将第三方支付监管分为美国、欧盟和亚洲三类模式。[⑤] 乐毅（2011）则针对第三方支付的跨境业务提出监管需求。[⑥]

作为独立机构，第三方支付平台具备金融实力，凭借互联网信息基础，以合同形式与多家银行建立交易网络结算平台，使其实现数据交互和信息共享。因此，第三方支付平台就是一个信用平台，一个贷款中转机构。

当今中国第三方支付市场正日益壮大，据统计，2017 年第二季度中国非金融支付机构综合支付业务的总体交易规模达 359217.2 亿元人民币，环比增长 10.2%。目前，国内的第三方支付主要分为两类 ：一类是互联网型支付企业。它们以在线支付为主，一般会捆绑大型电子商务网站，如支付宝、京东金融等。另一类是金融型支付企业。它们侧重行业需求，开拓行业应

---

① 李绪亮：《第三方支付监管问题研究》，《现代商业》，2007 第 17 期，第 234～235页。

② 路运锋：《信息不对称与第三方支付》，《征信》，2010 年第 5 期，第 14～17 页。

③ 赵小波、孙英隽：《第三方支付解决电子商务支付安全的博弈分析》，《金融理论与实践》，2012 年第 8 期，第 68～71 页。

④ 李颖、田敏：《论第三方支付风险评估指标体系的构建》，《西安财经学院学报》，2013 年第 5 期，第 28～33 页。

⑤ 赵昕、王静：《金融监管的新课题：第三方网上支付平台》，《金融电子化》，2006 年第 9 期，第 40～42 页。

⑥ 乐毅：《对第三方支付跨境业务的监管》，《中国金融》，2011 年第 4 期，第 32～33 页。

用，如银联电子支付。

二、第三方支付的交易流程

第三方支付的交易流程大致可以分成四个阶段（见图5－1）：

（1）达成交易意向。客户在网上选购商品，买卖双方在网上达成交易意向。

（2）用户支付货款。客户使用第三方支付平台作为交易中介，将货款打入第三方支付平台账户。第三方支付平台按照银行的支付网关的所有技术要求，将支付信息传输给相关银行。

（3）通知商家发货。银行确认用户付款账户的信用信息后，第三方支付平台将付款消息通知商家，通知商家提供服务。

（4）银行完成清算。商家兑现服务，第三方支付将用户所付货款划入商家账户，银行完成清算。

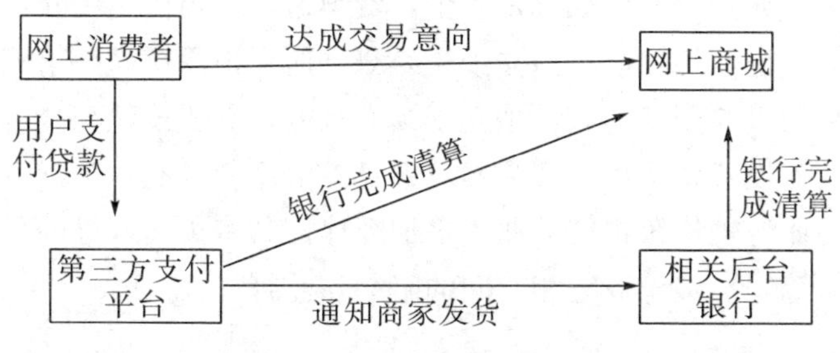

图5－1 第三方支付交易流程图

由于网上交易的虚拟性，再加上国内信用体系的不健全，这些问题都给国内电子商务发展带来障碍。第三方支付平台采用买家确认后再付款的模式，有效地解决了信用难题。通过第三方支付平台，买卖双方不仅实现商品、服务与资金的转移交换，第三方支付平台在转移过程中还发挥部分中介平台作用，为买卖双方提供了信用担保服务。

三、第三方支付的特点

电子商务的首要前提是安全性。保证电子商务环境下的安全性，是建立社会诚信支付体系的重要一步。第三方支付的出现，为从交易环节、支付环节解决安全问题，对社会诚信支付体系的建立起到了非常显著的意义。

（一）依赖传统银行，植根网络环境

前文已述，央行将第三方支付平台界定为非金融机构，需要传统银行对接业务。因而在支付过程中，第三方支付平台实际提供的服务主要为网关服务，网络成本成为影响服务效率的主要因素。一个稳定、高效的网络环境对第三方支付的使用至关重要。

（二）交易双方互相制约和监督

第三方支付平台仅仅是一个付费频道，充当信用中介，其所具有的资金转移功能是独立于交易双方的。担保交易是第三方支付平台的主要服务形式，独立于买卖双方，需要依赖完全可靠的电子商务模式，例如核实买卖双方身份信息。因此，第三方支付平台的业务较传统银行的业务更加纯粹，其将买卖双方的权力业务相对等，加强了双方相互间的限制和监管。

（三）提供个性灵活的支付选择

第三方支付平台大部分业务通过网络实现，但随着科技发展，当前第三方支付平台已逐渐演变为电话、通信网络等多种形式为应用程序接口的集成化支付平台。第三方支付平台比传统银行结算更加便捷，通过多账户交易降低了买卖双方的交易成本，也节省了银行的运营成本。如今，第三方支付模式正日益发展为“线上+线下”相融合的现代业务模式。

（四）信用发展是第三方支付的基础

银行信用的发展使得第三方支付平台应运而生，也催生了各类大型电子门户网站纷纷开展以信用为基础的竞争。作为中间人的第三方支付平台，可采取代理或担保的业务模式，缓解传统银行中的信用风险问题，为买卖双方提供可信赖的资金托管平台，既充当了信用中介的角色，又提高了金融运行的效率。

四、第三方支付的模式分析

我国第三方支付起源于邮件支付模式，即买卖双方通过电子邮件实现交易，完成收付款。邮件支付模式比较典型的代表是第三方支付平台 PayPal。在邮件支付模式下，买卖双方需要注册账号，将资金转移到邮件账户里。交易达成后，资金会再转到商家的邮件账户。买卖双方通过所注册的电子邮箱完成交易、支付、转账，无须银行卡中间交易流程。随着我国支付革命的产生和发展，目前我国第三方支付的模式主要有两种，即以快钱为代表的通道模式和以支付宝为代表的账户模式。

（一）通道模式

该模式第三方支付可作为银行与客户之间桥接的一个中介，为买卖双方提供信用服务。这种中介平台可以整合买卖双方资源，将购买需求和产品供给串联起来，买方将银行卡等支付主体与平台关联，向第三方支付平台发送付款请求，卖方根据支付情况提供相应服务。这个交易过程将购买、支付、交付等行为集于一体，第三方支付充当了网关的角色。

（二）账户模式

该模式第三方支付平台通常并非独立运营，大多依附于购物网站等电商平台，例如支付宝与淘宝网。第三方支付平台利用自身对于信用信息的掌握，在这之中承担了担保的角色，一定程度上缓解了信息不对称带来的信用缺失问题。商户和消费者注册为会员，需要申请账号。双方交易时将钱打入第三方平台，而不是商户的直接账户。待消费者确认收货之后，资金才会转至商户账户。交易全程中，消费者掌控交易进度，若出现货物问题可随时申请退款，撤销交易。因此，第三方平台缓释了双方的信用风险，提供了更为安全可靠的交易模式。

第二节　金融支付与金融创新

一、金融支付体系的发展

金融支付体系也称清算系统或支付清算系统，是伴随着经济活动的产生和发展，国家主体对买卖双方的债权债务关系的组织形式与安排。市场经济是支付体系更新发展的基础，支付体系在金融基础设施中占据核心地位，关系到一国金融业能否安全高效地运行，也关系到社会生产、生活能否正常运行。

二、支付创新催生新的商业模式

创新既是支付体系保持活力发展的重要因子，也是支付体系快速发展的重要特征。金融电子化的发展催生了第三方支付，第三方支付是顺应信息化浪潮的现实要求，更是金融创新的现实结果。支付体系的金融创新涉及支付手段、支付场景、支付形式等，使央行发行的名义货币得到了延伸和拓展。而位居核心地位的支付手段，则冲击了传统商业模式，为现代化、集成化、信息化的商业模式提供了可能，也让依附于这些商业模式的金融中介应运而生。

在金融创新涌现的时代，商业模式对于企业是否能够持续盈利非常重要。在支付体系创新的基础上，商业模式开启了更富有想象的转换。在支付手段的创新上，如今移动支付与互联网结合已成为大趋势。良好的商业模式需要与好的支付手段相匹配。移动支付的出现催生了庞大的目标消费群体，其发展和普及的速度也颠覆着传统企业的支付手段。金融创新将会降低消费者交易成本，并在一定程度上改变社会消费体系。

三、支付创新改变金融中介体系

当支付创新与互联网信息时代交织共进，大批互联网金融中介便成了支付创新的现实产物，第三方支付便是其典型代表。第三方支付平台作为新型非银行金融中介，日益挑战传统金融机构。由于依托大型网络电商平台，第三方支付平台往往能用更少的金融成本拓展服务的深度和广度，也能在一定程度上控制信用违约风险。但由于信息的稀缺性，各电商平台难以将消费数据进行共享和整合，因而网络环境中的信用关系在一定程度上呈现出“割裂”的状态，这也导致人们对全局信用水平的预估出现误差。

以第三方支付平台为主体的互联网金融中介一方面实现了金融服务的社会性，另一方面却难以突破传统金融服务时空的局限性。因此，金融服务在互联网平台上的创造能力依旧是有限的。但依然值得一提的是，在我国金融创新的浪潮中，第三方支付拥有相较于传统金融中介更加包容开放的特性，成为推动时代变革的一支生力军。从这个角度上看，如何适时引导和监管这只生力军的健康发展，以及如何避免无序扩展和盲目发展带来的金融隐患，对于维护金融市场秩序、提高金融服务效率至关重要。

四、支付创新加快推进社会结构变化

从货币诞生开始，一切清偿手段都取决于背后的信用关系。纸币代表了国家信用，存款账户则代表了商业银行作为“最后贷款人”的金融信用。

这些金融创新的直接动力在于，当一种支付工具被广泛认可和接受，并作为社会最终清偿手段时，金融机构也因此获得了超额利润。当以第三方支付平台为代表的非银行金融机构凭借其广布的分支网络和资金实力，信用水平得以不断提高时，人们也可将其发行的债务工具视为最终清偿手段。

第三节　第三方支付的风险与监管

一、第三方支付的风险

（一）政策法规风险

第三方支付尽管在互联网金融中出现较早，但是相对传统产业来说仍属于新兴领域，因此法律的滞后性难以避免。在金融分业监管的发展趋势下，传统金融行业的监管法规近年来不断完善，但其中涉及金融中介服务行业的法律法规却乏善可陈。依托网络环境的日新月异，第三方支付行业涉及的经营服务范围不断拓展，相应的监管难度也不断加大。

由于第三方支付机构提供的金融服务通常类似于传统银行的中介服务，手续费是其主要利润来源，但政策法规的缺失却使其免于传统银行所受的约束。然而，立法的不完善、不完备会使得第三方支付机构的主体资格认定、行为合规认定等步骤均难以实

现，容易导致后续系列风险。因此，法律法规体系的构建则成为所有金融风险防控中最核心的一环。

（二）金融风险

作为金融环节中的重要组成部分，第三方支付依托于互联网金融环境而存在，这往往会带来非法套现风险、沉淀资金风险等金融风险。在第三方支付环境中，网络交易的虚拟性直接导致了非法交易的资金流向难以监测，也容易导致非法客户信息被肆意滥用或伪造，造成非法套现交易。例如，近年来部分违法分子将不法所得利用网络环境进行掩盖和转化，使其在形式上合法的“洗钱”行为屡见不鲜。另外，第三方支付机构作为金融中介的创新产物本身具有信息不对称的问题。日益庞大的支付规模带来了大量沉淀资金，对这部分资金的使用权及其带来的收益的所有权难以在法律上做出具体的界定和解释。

（三）信用风险

第三方支付加入交易过程后，很大程度上弥补了社会信用的不足。但一个完整的第三方支付过程通常会涉及买卖双方、银行和第三方支付平台等主体，而任意两方存在的信息不对称问题都将带来信用违约风险。当第三方支付充当信用中介时，信用风险与之相随，这是一种服务过程中的伴生风险，如果交易双方不能按约定履行责任，就会导致用户对第三方支付机构失去信任。此外，用户对第三方支付机构信任度降低也会增加其交易成本，降低交易效率。随着第三方支付机构开始提供中小企业短期、小额贷款以及中小企业融资，当借款企业无力按期还款时，第三方支付机构将直接承担信用违约所带来的金融损失风险。

二、当前第三方支付监管的问题分析

（一）市场准入制度不完善，市场退出机制缺乏

第三方支付平台是市场经济与网络环境结合的产物，在激烈的市场竞争中，第三方支付机构面临着“优胜劣汰”的必然社会选择。当前，我国对于第三方支付机构的市场准入及退出机制尚需完善。进出机制的模糊将引发一系列经济和社会问题，关系到客户信息和财产安全等，还直接威胁到买卖双方的正常权益。因此，建立健全完善的第三方支付机构进出机制对于维护经济社会秩序至关重要。

（二）第三方支付主体法律责任不明确

第三方支付中存在着法律责任风险、买卖方违约风险、套现风险以及第三方支付机构的违约风险等。法律责任风险是指当现实的风险事件发生时，并没有相应的法律法规予以解决。例如买方利用第三方支付机构进行付款，在网络上购买了一个假冒伪劣产品，而且买方要求退款的合理要求并未得到满足。此时买方的合法利益遭受损失，卖方需要承担相应的民事责任。但是我国针对此类风险事件并没有相应的法律法规。

一个完整的第三方支付过程需要依托众多交易主体，而由于委托代理问题不可避免，使得各个主体之间的违约风险频发。但我国目前尚缺乏相应法律法规解决这类问题，针对第三方平台交易中的产品和服务质量的评估体系尚处于起步阶段，因此买卖双方会出现合法利益遭受损失的情况。针对在买卖、付款、退款等环节中的民事责任界定，我国目前的法律基础仍然十分薄弱。因此，依法解决相关纠纷，切实有效地保障权利人的合法利益，是当前亟待要解决的问题。

（三）沉淀资金利息归属不明

第三方支付机构产生了大量沉淀资金，这部分资金的管理关系到用户财产的安全。因而，对沉淀资金的监管至关重要，但其监管难度也在与日俱增。其中，对沉淀资金的利息归属界定，法律尚无明确规定。资金本身属于用户，但资金产生的利息又依托于第三方支付机构的投资管理，因此对于利息的分配界定难度较大。法律应该制定并且完善其所涉及的具体分配规则，才能有效地解决纠纷。此外，缺乏完善的应急体系和成熟的保险保障制度都是监管当局需要去解决的问题。

（四）对网络洗钱、套现等问题监管不足

网络交易的虚拟性会滋生非法套现和洗钱行为。这类行为频发将直接损害买卖双方的正当利益，破坏正常的金融交易秩序，威胁社会的长治久安。与传统支付工具相比，网络的虚拟性及匿名性等特点直接导致了网络洗钱、非法套现等问题的高度隐蔽性，其借助网络虚拟环境和电子支付工具完成交易，监管部门对于交易者信息及资金流向的监视和管控难度较大。因此，近年来各监管主体愈加重视防范网络洗钱及套现风险，保障网络金融资产安全。

（五）消费者权益保护的力度不足

消费者是第三方支付机构得以生存的灵魂所在。第三方支付机构依托虚拟的网络环境，消费者掌握的信息渠道较少，买卖双方信息的不对等使消费者在交易过程中常常处于劣势地位，涉及备用金挪用、个人信息安全、产品质量低下等问题。特别是当第三方支付机构退出市场时，现有的法律法规难以保障消费者权益，侵害了市场秩序。尽管我国当前对于消费者权益保护的法律

法规在不断完善，但网络环境中的个人信息安全、隐私保护等条款仍需完善。

第四节　第三方支付有效监管框架的构建

一、第三方支付政策法规风险监管

我国第三方支付监管从 2010 年开始出台针对性的监管措施，截至 2018 年已形成了一套相对完善和规范化的监管政策体系（见表 5－1）。

表 5－1　我国对第三方支付的监管历程①

时间	法规	内容
2010 年	《非金融机构支付管理办法》《非金融机构支付服务管理办法实施细则》	明确支付业务范围，明确机构须有《支付业务许可证》方可执业
2013 年	《证券投资基金销售管理办法》	支付结算业务的公司需要拥有高效的信息系统及风控系统
	《银行卡收单业务管理办法》	商户实名制管理，不能跨区域进行收单业务，收单业务需符合要求
	《支付机构客户备付金存管办法》	客户备付金需全款缴存在备付金专业存款账户
2015 年	《关于加强银行卡收单业务外包管理的通知》	明确外包业务的界限

① 资料来源：中国人民银行。

续表

时间	法规	内容
2015 年	《非银行支付机构网络支付业务管理办法》	明确网络支付业务范围，规定支付机构的客户管理制度
2016 年	《中国人民银行金融消费者权益保护实施办法》	强调保护消费者个人信息
2017 年	《关于调整支付机构的客户备付金集中缴存比例的通知》	2018 年 2 季度起，比例根据季度调整
	《条码支付业务规范（试行）》	明确拥有可应用的条码技术及须有营业许可
2018 年	《中国人民银行公告（2018）第 7 号》	明确跨境支付须有许可证，境外公司投资需在境内设立相应公司

（一）持续构建完善市场准入及退出机制

从市场准入来看，第三方支付机构的审批制度尚需完善。目前在国际范围内，可参考欧盟模式，即消除了各国注册资本的区域限制，率先将第三方支付机构的业务范围拓宽到全国，依照业务范围对注册资本进行规范要求。此外，各国央行成立专项小组，事前评估新产品业务风险，事中及时检视，并利用完备的监管体系把控这些风险。

从市场退出来看，应尽快建立第三方支付机构的评估体系，减少第三方支付机构随意进出带来的损失。无论是兼并或破产，充分的竞争会赋予第三方支付市场更多的活力，市场份额占比小、信用状况差、服务水平落后的第三方支付机构势必将被淘汰出局。监管部门应对第三方支付机构定期检视，对缺乏业务许可及不再符合业务要求的企业实施严厉的市场制裁手段，如摘牌、兼并、收购等，以此保障网络金融环境的健康发展。

（二）明确支付主体法律责任

各交易主体会因为信息不对称而导致违约风险。监管部门需要明确不同主体的责任，权责分明，出台相关法律法规，努力创造一个“有法可依、有理可凭”的法制网络环境，推动互联网金融市场各交易主体的信息披露更清晰、更透明、更高效。与此同时，应该将第三方支付主体的监督管理重点由市场准入为主，转入日常动态管理为主，以建立符合实际需要的动态监督管理体系。

二、第三方支付金融风险监管

（一）建立备付金风险管理制度

当前备付金存在的具体形式各国尚未明确界定。国际范围内，欧美发达国家允许客户将正常支付和交易之外的资金投资于国债等具有较高流动性、较低风险的资产上；同时，建立备付金日常管理制度，利用动态指标体系配套管理。

（二）分类动态监督反洗钱、反套现工作

非法洗钱及套现行为的背后，往往连带着虚假交易，需要监管部门、银行、买卖双方的共同努力。监管部门可通过发票、交易凭证等材料来核实交易是否真实，保障消费者合法权益，维护平台日常运营秩序。套现及洗钱风险对各交易主体危害巨大，监管部门的监管是否能有效落地，关系到金融管理秩序的健康发展。对于监管部门而言，首要是需建立健全用户实名制度，完善征信体系。再则是加强与公安等部门的协同监管，核实用户身份信息，追踪资金流向，推动网络信息披露制度的建设。

三、第三方支付信用风险监管

（一）广泛建立投诉平台

在网络环境中一旦发生交易纠纷，消费者则需要通过合法公正的渠道维护自身权益。投诉平台为消费者提供了一个较低成本的维权渠道。在此基础上，监管部门应牵头建立信用数据库，及时检视第三方支付机构的信用状况，为消费者维权提供现实依据。反过来，第三方支付机构也可利用此类数据库，对平台用户进行筛选，降低交易主体违约的风险，减少信息不对称带来的损失。

（二）完善公司治理结构

公司治理结构是一个公司的整体架构，第三方支付机构可以在组织结构中增设风险管理部门，通过构建完善的风险监督管理架构，防范管理者和经营者联合欺骗公众，相互勾结进行冒险交易。例如，可在董事会下设风险管理委员会，再在二级风险管理部门下设置三级风险管理部门——风险管理部，这些部门主要是在日常工作中及时指出第三方支付机构存在的现实或潜在的金融风险，保证第三方支付机构具备规范的业务和完善的内控制度，并对公司的内部风险情况和防范情况进行定期评估。

（三）提高管理层和员工的风险意识

管理层和员工具有较强的风险防范意识和过硬的业务素质是企业得到公众认可和信赖的前提，同时也是企业自身发展的有效保障。提高第三方支付机构管理层和员工的相关法律意识和风险防范意识，让他们意识到第三方支付机构对洗钱套现行为有着无法推卸的义务和责任，利用职位之便挪用客户资金将会自食恶果，同时对他人的财产安全也会造成严重损害，损害社会集体利益，妨碍社会的健康发展。

（四）完善内部控制风险制度

建立一套相互制约和联系的职责分工制度和组织形式，以实现对事前、事中、事后的风险进行全程、全面的防范，这种内部控制制度有利于防范风险、增加经济效益。例如，对第三方参与的各个主体进行分层管理，对买卖双方的资质和交易的真实性进行审核查验，尤其是对收款方的业务资格、经营范围和提供的商品服务的合法性进行认真核查，严禁利用第三方支付平台进行非法集资，以实现对洗钱风险的严密控制。

第六章　数字货币与区块链行业监管研究

在全球区块链行业正如火如荼发展的当前，我国规范对区块链和数字货币行业的监管，遏制了借助这类新型互联网金融行业进行投机性行为的风潮。区块链产业顶着“下一代互联网”“互联网金融的最终方案”“开启人类新纪元的钥匙”等诸多光环，但从事区块链技术开发和投资的风险何在？关于此行业的监管应该从哪里入手？对区块链系统行业的监管须如何制定和实施才能保证行业更快速健康地发展？这一切问题都需要我们在对整个行业的兴起和发展路径进行了解的基础上去探讨。

第一节　“币圈”和“链圈”的概念和发展现状

一、比特币的横空出世：一石激起千重浪

2015 年，美国加州大学洛杉矶分校金融学教授巴格·乔杜里建议提名比特币（Bitcoin）之父——中本聪作为 2016 年诺贝尔奖经济学家的候选人。乔杜里教授在提名时极尽溢美之词：“对于建议把此奖项颁发给中本聪，我完全是认真的。比特币的发明——以及整个数字货币——可以说是革命性的。”进一步，如果从颠覆性角度看，在“后金融危机时代”，还没有谁比中本

聪更为耀眼。[①]

比特币是世界上最早的数字货币。严格来说，数字货币应该归类于非传统货币，而不是通常所称的“电子货币”“虚拟货币”和“加密货币”等。在通向比特币的漫漫长路上，曾经出现过很多虚拟货币、加密货币，但是都以失败而告终。例如在20世纪90年代，曾经出现了SET协议，是由VISA、万事达等美国多家公司联合研发的安全的电子交易协议，并出现了第一代数字货币——“网络币”（Cybercoin），但这并不是真正意义上的数字货币，因此我们还是将其归为加密货币。

最初的加密货币存在很多漏洞。例如双重支付问题也称为“双花”问题始终没有解决。通俗地说，这个问题是指，一位交易者在和另一位交易者交易时，将同样的货币支付复制粘贴到第三位交易者的相应账户，使得同一笔交易进行了两次，但并没有发生两次实际支付。另外一个是“拜占庭将军问题”（Byzantine Failures），即由于硬件错误、网络拥塞或断开以及遭到恶意攻击，计算机和网络可能出现不可预料的行为，因此，在消息丢失的不可靠信道上试图通过消息传递的方式达成一致是不可能的。其得名于拜占庭帝国时代的一段故事，这里不加以赘述。[②] 传统加密货币均存在上述问题且难以克服。

2008年11月，化名为“中本聪”的美籍日裔人在其论文《比特币：一种点对点的电子现金系统》（Bitcoin：A Peer-to-Peer Electronic Cash System）中首次提出了区块链（Blockchain）的概念和原理。区块链是指一种分布式账本（Distributed Ledger），或者说是一种分布式数据库，它是链上所有交易节点都参与记账

---

① 司马钱：《比特币发明者该不该获得诺贝尔经济学奖?》，http：//www.bitcoin86.com/news/8714.html。

② 闵应骅：《拜占庭将军问题》，《中国传媒科技》，2006年第3期，第35～38页。

并可共享记账内容的去中心化账本。当然，比特币底层的加密协议是基于哈希密码学，哈希密码学要求的“碰撞阻力”“隐秘性”“谜题友好性”三大特性比特币都可以做到，最关键的是比特币可以完整地解决上述的“双花问题”和“拜占庭将军问题”。自2009年挖出第一个比特币以来，运行了8年多且没有出现任何安全问题，因此，比特币和它背后的区块链技术体系就这样获得了世人的青睐。

二、区块链1.0：数字货币及其交易原理

毫无疑问，比特币才是真正的数字货币的开山鼻祖。从比特币开始，货币“数字化”的漫漫之旅才算最终完成。数字货币属于加密货币，但却是从传统加密货币脱胎出来的。比特币的底层协议是哈希密码学。哈希密码学所依赖的哈希算法，其首要特点是“碰撞阻力”“隐秘性”和“谜题友好性”。[①] 所谓“碰撞阻力”就是对于哈希函数 $H(x)$ 来说无法找到 $x \neq y$，使得 $H(x) = H(y)$，即无法通过现有办法破解密钥；所谓隐秘性，简单来说，就是根据哈希函数的值，无法反过来推出自变量 x，这个自变量可以理解成随机变量的分散程度；所谓“谜题友好特性”，简单来说，就是在输出值为固定的哈希值 y 的输入的集合中只要有一部分输入是非随机输入的（对应的就是你的私钥），那么想要找到这部分非随机的输入变量几乎是不可能的。而比特币的哈希值脚本是由256位数的字节组成，在密码学中采用这一脚本的算法被称为SHA－256算法。如今发明比特币的中本聪其人已经难以追寻，但是基于比特币的区块链技术的使用却越来越广。

① 阿尔文德·纳拉亚南、纳什·贝努、爱德华·费尔顿等：《区块链：技术驱动金融——数字货币与智能合约技术》，林华、王勇、帅初等译，人民邮电出版社，2016年，第4～12页。

交易者在链上进行支付需要掌握公钥和私钥、数字签名来进行身份验证和交易信息核对，这是区块链环境下使用数字货币交易生态的主要形式。比特币的获取主要有两种方式，其一是通过挖矿，其二是通过数字货币交易所的交易。目前很多国家都通过行政和立法手段禁止比特币与法定货币之间的直接兑换，因此很多的交易转入地下进行，同时也有一些人通过其他渠道在尚未禁止比特币交易的国家（如加拿大、新加坡、越南等）从事交易活动，这种行为俗称“搬砖”。

接下来我们对挖矿的概念进行阐述。王博、周朝辉（2017）简洁明了地指出，挖矿实际上只包含三件事：①发行比特币；②给全球交易记账；③通过算力保证系统安全。[①] 比特币系统会定期推出一个谜题，只有足够的硬件保障（即“矿机”的硬件配置）、电力消耗量和算法所支撑的算力优胜者，解答出这道题的概率才会大大增加，其余节点解出谜题的概率是很小的。这种模式称为“工作量证明”（POW）（见图 6-1）。因此，比特币系统会给一定时期内解答出此题的那个节点记账权，并给出一个比特币作为奖励。按照规定，到 2140 年比特币将会被全部挖完。但每挖到一定数量，难题的难度会提高一倍，所需的算力也就越高，而且挖出的比特币数量也会成倍地缩减。这一点导致了比特币挖矿的成本越来越难以接受，直接催生了比特币矿场的“泡沫”。而且由于比特币的固有容量已经不足以支撑越来越多的记账，因此，“分叉”成了必然。例如 2017 年 8 月出现的硬“分叉”，使得比特币现金（BCC）脱颖而出，价格一度飙升，直到中国人民银行等七部委发文后才开始有所下降，但之后依然很强劲。2017 年 11 月出现又一次“分叉”，比特币黄金（BCG）出

---

① 王博、周朝晖：《如何投资数字货币》，人民邮电出版社，2017 年，第 20～21 页。

炉。与此同时，以太坊也出现了“分叉”，例如2017年4月以太经典（ETC）成为以太坊首次“分叉”的产物。由于2013年以太坊首发时，很多投资者未赶上好时机，这次以太经典的出炉成了投资者热捧的香饽饽，但这究竟是不是好的投资产品尚需时间检验。所有这些“分叉”都是原数字货币扩容时产生的矛盾导致，但投资者希望借用原数字货币的威望另起炉灶、规避风险，也是原因之一。

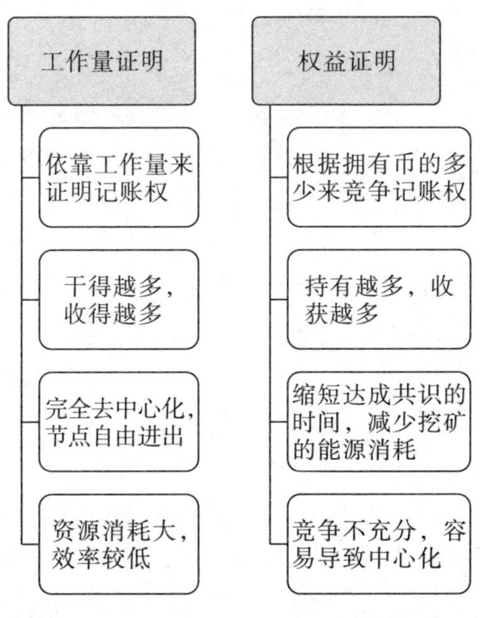

图6−1　两种工作量证明机制的比较[①]

三、区块链2.0：智能合约的概念和应用介绍

智能合约这一概念在1995年就被密码学家尼克·萨博提出，但是当时没有运行智能合约的软硬件环境。根据尼克·萨博

① 资料来源：光大证券研究所。

(1995) 的说法，智能合约（Smart Contract）是指一套以数字形式定义的承诺（Promises），包括合约参与方可以在上面执行这些承诺的协议。[①] 但是在区块链时代，智能合约更为确切的是指在链上进行数字资产的转移和交换所签订的合约/协议。如果把数字货币也看成数字资产的话，那么前者就是流动性很强的数字资产，且后者的“变现”需要前者的配合。梅兰妮·斯万（2016）认为，区块链智能合约的内容远远不止于简单的资产买卖。[②] 杨东（2017）归纳得出，智能合约运行的三要素分别为自治、自足和非中心化：自治意味着自动运行，如保险合约的自动生效、自动执行、自动赔偿、自动终止等；自足意味着智能合约能够自动地获取足够的资金来支撑自身的运行；非中心化指智能合约是依赖于区块链的网络节点来自动运行的，而不是依赖于中心化的服务器。[③]

以太坊的出现无疑是区块链智能合约的一声春雷，因为它提供了一套非常方便的智能合约的可编程和执行平台，借助的是某种图灵完备的编程语言，加快了智能合约应用于商业实践的步伐。在比特币面世 4 年后，以太坊由 18 岁的加拿大少年比特林于 2013 年发明。所谓图灵[④]完备（Turing Complete）指的就是指令集、编程语言和元胞自动机等在无限大的内存、执行代码和状态记录足够的环境下[⑤]可执行。符合图灵完备则任何算法都可以实现。因此从理论上来讲，以太坊提供了可以在区块链上执行

---

① Florian Glatz：《什么是智能合约?》，http://www.8btc.com/what-are-smart-contracts-in-search-of-a-consensus。

② 梅兰妮·斯万：《区块链：新经济蓝图及导读》，新星出版社，2016 年。

③ 杨东：《链金有法：区块链商业实践与法律指南》，北京航空航天大学出版社，2017 年，第 24 页。

④ 图灵（Alan Mathison Turing）：1912—1954，英国著名计算机科学家，被誉为计算机科学和人工智能之父。

⑤ 符合这些条件的计算机也被称为“图灵机”。

任何智能合约的技术基础。Github 上有用多种语言编写的合约样本以供下载，只要下载者利用这些样本，同时编入自己需要的合约形式和标的，就可以创造一份具体的智能合约。这使得智能合约的设计者不用从底层代码开始研究，省去了很多不必要的环节。为此，以太坊还设置了一个虚拟机，名叫 EVM，是一个执行这些智能合约的去中心化网络。以太坊有望应用于未来所有行业，而这些行业的合约签订都有可能在区块链上进行，一些基于以太坊的更为专业的社区服务已经被陆续地开发出来，例如 DAO、DAC 和 DAS 等。

另外，孟岩（2017）还认为，以太坊等数字货币所包含的智能合约，除了使得这些货币成为可交易、可正当处置并且在一定资产范围之内的所有者明确的真实资产，同时还应包括这些资产的自描述特性，即它本身能够证明目前的所有者、使用者及要处置它需要满足哪些条件等，也应包括内置智能自动执行合约的资产。[①] 运用区块链智能合约的数字资产是一种真正意义上的智能资产，而智能资产的运作和管理将是我们未来生活中不可或缺的重要方式，与此相关联的监管需要依赖区块链技术的进一步发展及完善。

2017 年 9 月 4 日下午 3 点，中国人民银行的官网发出《中国人民银行　中央网信办　工业和信息化部　工商总局　银监会　证监会　保监会关于防范代币发行融资风险的公告》（以下简称《公告》），对首次发行代币筹资（ICO）行为紧急叫停。由于 ICO 和比特币、以太坊等数字货币的亲密关系，公告刚出来不久，全国各大数字货币交易平台纷纷出现了“数字货币挤兑风潮”，造成了比特币、莱特币、比特币现金等主要的数字货币的

① 孟岩：《区块链为智能立法，从比特币看智能资产》，https://mp.weixin.qq.com/s/673YCoNWvgprmzHVYmPx7A。

价格直线下降，短短几天内，比特币价格从人民币的32000多元跌至25000多元，缩水了近25%的价值。《公告》称：“代币发行融资本质上是一种未经批准非法公开融资的行为，涉嫌非法发售代币票券、非法发行证券以及非法集资、金融诈骗、传销等违法犯罪活动，任何组织和个人不得非法从事代币发行融资活动。”[①] 从这段公告的措辞可以看出，这一轮强势监管，央行等七部委对比特币为首的数字货币的ICO行为是持根本否定态度的。全国主要的区块链媒体都在几乎同一时间发文，表示央行终于为争论不休的ICO定了性。[②]

当然，这只是中国政府对数字货币行业进行全面行政性监管的第一步。紧接着，数字货币业内有许多人士纷纷猜测下一步是不是要关停在中国内地的数字货币交易所。例如，2017年9月9日，酷讯网发表文章中引用了一名玩家的消息，称央行未发布任何取消比特币交易平台的公告，但严禁一切ICO众筹平台。[③] 在中央尚未出台对数字货币交易所的具体措施之前，很多地方就已先发制人，例如北京市互联网金融风险专项整治办公室发布了《北京地区虚拟货币交易场所清理整治工作要求》，要求最迟不超过9月20日，北京市的各个数字货币交易平台必须“确定一个银行账户以存放客户资金”，而在9月15日之前就应该“发布公告、明确停止所有虚拟货币交易的最终时间，并宣布立即停止新用户注册”“交易场所的股东、实际控制人、高级管理人员、财务负责人、核心技术负责人在清理退出期间要在京全力配合做好

---

① 《中国人民银行　中央网信办　工业和信息化部　工商总局　银监会　证监会　保监会关于防范代币发行融资风险的公告》，http://www.csrc.gov.cn/pub/newsite/zjhxwfb/xwdd/201709/t20170904_323047.Html。

② 《七部委联合发布公告　ICO定性为非法　24家平台暂停业务》，http://baijiahao.baidu.com/s?id=1577611433775272914&wfr=spider&for=pc。

③ 《关停传闻背后，比特币交易平台正加速转战海外》，http://www.chinasns.org/news/2017/09/11/602149.html。

清理退出工作”等。[①] 众所周知，北京有多家比特币和数字货币交易平台，例如OKcoin、火币网、比特币交易网、聚币网、云币网、元宝理财等。交易的数字货币种类除了比特币、以太坊、莱特币、狗狗币、瑞波币、比特币现金这些传统的数字货币之外，还广泛涉及恒星币、点点币、未来币、达世币等非传统数字货币。北京是全国拥有数字货币交易平台最多最集中的地区，因此这一规定对我国数字货币交易活动无疑将产生重大影响。其后在9月15日，成立于2011年6月的比特币中国主动发布通告，宣布关闭在中国境内的一切注册，并将于9月30日之前关闭比特币中国在境内的一切数字货币交易业务。OKcoin和火币网这两家交易所紧随其后，均在9月16日宣布将关闭新用户的注册，并最迟在9月30日之前关闭在中国境内的所有数字货币交易业务，其主要负责人在资产清理完毕之前被限制离开北京。[②] 至此，我国最大的几家数字货币交易所相继终结了其主营业务。

这次从中国人民银行等七部委联合发布终结ICO行为的行政命令开始，到国内各大交易所纷纷终止数字货币交易，时间虽短，但在我国区块链行业却引发了一场海啸效应，不仅引起了业内人士对于区块链项目合规性的大讨论和重新思考，也使得数字货币和区块链这些新名词走进了普通大众的视野。事实上，在2017年9月4日《公告》出来之前，ICO圈内的主要企业和媒体就已经风声鹤唳，担心监管政策随时会扑面而来，例如《21世纪经济报道》9月1日发文称“8月30日深夜，中国互联网金融协会（互金协会）在官网发布ICO风险提示：国内外部分机构采用各类误导性宣传手段，以ICO名义从事融资活动，相关

① 《北京市互联网金融整治办发文清退虚拟货币交易场所》，http://money.163.com/17/0915/17/CUD0MH5B002580S6.html。

② 《火币网、OKcoin将关停所有业务　负责人不得离京》，https://wallstreetcn.com/articles/3031319。

金融活动未取得任何许可，其中涉嫌诈骗、非法证券、非法集资等行为”。[①] 又如某区块链行业独立观察员，在认真分析了当时近期的相关文件后认为“在政策明朗以前，会暂停投资 ICO 项目”。但同时又认为“目前绝大多数报道引用匿名源，官方真实态度暧昧不明，只有中国互联网金融协会发出了官方的第一声”。[②] 这一系列的担心也反映在了比特币价格上，2017 年 9 月 2 日，比特币对人民币的“汇率”曾经达到 1∶32200 的历史新高，而其后的两天却陷入了暂时的疲软，9 月 4 日下午 3 点公告出台之后，比特币价格再也撑不住了，一路狂泻。[③]

四、数字货币、区块链与互联网金融的关系

区块链技术是比特币等数字货币的底层协议技术。相对来说，互联网金融的风险也有很多，并且是传统金融所不具备的。陈晓华、曹国岭（2016）认为，归纳起来，互联网金融的风险可分为：第一，信用违约和欺诈风险，主要是指由于互联网金融的相应法律法规很不完善，准入门槛低，杠杆率高，从而导致其出现交易欺诈和期限错配的现象概率比传统金融的概率要高出许多，此外，其发生违约的种类也要多很多。第二，互联网技术风

---

① 《证监会摸底 ICO 企业，第二大 ICO 平台暂停新项目》，https://mp.weixin.qq.com/s?_biz=MzA3MDgyMjg4MQ==&mid=2650294681&idx=1&sn=ac9700e6d0d307b1818818fb0f3c3ad0&chksm=873a1717b04d9e01b6dbc8a74c8bebc8cdc6f4f17feb2b2cd604bdfba9b04caf005f76c85068&scene=0#rd。

② 《中国互联网金融协会用 258 字棒喝 ICO，字字藏玄机，监管态度都在里面》，https://mp.weixin.qq.com/s?_biz=MzIyNDk1NzU4OA==&mid=2247483966&idx=1&sn=29ff7de45287d50ae8588d050045e56c&chksm=e80647c5df71ced31a1c07e58cb097228d6cdbe9508301981866e31c2174bab4ef1b5d60bd63&mpshare=1&scene=1&srcid=0901FdjOyDeXvOpYDZX6b9fq#rd。

③ 值得玩味的是，在写作本章时，比特币虽然不能在国内各大交易所交易，但是其价格却首次突破了 5300 美元，中国数字货币玩家有 90%以上都已离场。参见 http://news.pconline.com.cn/1011/10110867.html。

险。这可以从三方面来分解，即互联网金融平台本身存在的安全风险、平台依托的数据传输网络的风险、PC 端和移动端等客户终端的硬件设备等存在安全漏洞的风险。第三，法律与政策监管的风险，其中最突出的是进行虚假融资和利用互联网金融的法律漏洞从事非法交易和洗钱活动。第四，流动性风险等。①

区块链技术对于互联网金融交易者最关心的信息安全问题，通过一套严密的加密算法和分布式的共同维护机制，最大限度地降低信息泄露、被截取、被篡改的概率，使得每一个链上的节点都能享有数据和资金的安全。

第二节　区块链的应用生态

本节我们将简要介绍区块链在各种传统和非传统技术，尤其是 Fintech 和新技术相结合的应用生态领域所扮演的角色，以及对这些新兴行业如何加强监管以更好促进行业的健康快速发展。胡滨、尹振涛、郑联盛（2017）认为，Fintech 跟互联网金融是有区别的，Fintech 增强了资本要素的整合能力和生态体系构建的功能，逐步呈现出跨界、去中介、弱中心和自伺服的特征。而区块链和大数据、云计算、人工智能、物联网等的结合共同推动 Fintech 步入了 2.0 阶段②。

一、区块链与大数据

大数据（Big Data）是指输入和处理速度较快、多样性较

① 陈晓华、曹国岭：《互联网金融风险控制》，人民邮电出版社，2016 年，第 14～17 页。

② 胡滨、尹振涛、郑联盛：《中国金融监管报告（2017）》，社会科学文献出版社，2017 年，第 1～2 页。

大、价值密度较低的海量数据。这一定义是根据数据的基本特征衍生到大数据的一种自然表达。那么大数据时代之前的所谓小数据时代又有什么鲜明的特征呢？井底望天、武源文、赵国栋、刘文献等（2017）认为，一般来说，在实际操作中会遇到“数据采集的成本高昂、数据共享和重复利用困难、得出分析的结论越来越难”等问题①，因此大数据技术应运而生。

大数据的价值显而易见，比如它使得数据作为一种生产要素其地位显得越来越重要，不仅可对原有流程进行优化，还创造了多种全新的商业模式和一种全新的生活模式。但是这里我们主要阐述大数据的痛点：单个平台要想完整地掌握大数据的吸纳、存储、处理和优化等工序，显得越来越不可能；大数据技术的数据基础显得凌乱和失序，特别是在卫生健康、教育、法律实践等领域，数据的不完整性和非结构化非常严重；和上述我们讲区块链的时候一样，大数据近些年来由于铺天盖地的炒作，导致了一系列不符合市场经济规律的业务诞生，影响了公众对该行业发展阶段的判断；大数据技术的发展和个人隐私似乎是一对矛盾。②

那么，区块链对于解决上述痛点有什么作用呢？大数据战略重点实验室（2017）指出，运用区块链技术来保护大数据的隐私是极为有效的，这是因为它在多重加密的基础上结合数字签名技术，使得隐私数据只针对特定的人员，如只对开发人员或者被授权人员开放，但同时这种技术又保证了“数据有选择性地共享”。③ 区块链还可以凭借去中心化的优势破除隐私数据被拷贝

① 井底望天、武源文，赵国栋等：《区块链与大数据：打造智能经济》，人民邮电出版社，2017年，第10～11页。

② 弗兰克·帕斯奎尔：《黑箱社会：掌控信息和金钱的数据法则》，赵亚男译，中信出版社，2015年，第8页。

③ 大数据战略重点实验室：《块数据3.0：秩序互联网与主权区块链》，中信出版社，2017年，第187～188页。

的威胁，一旦被拷贝那么一定会留下痕迹。

可以肯定的是，未来插上了区块链翅膀的大数据技术，在数据资产登记、数据价值评估、数字资产保全、数字资产投资及智能交易和结算等方面将变得更加高效。

二、区块链与云计算

云计算（Cloud Computing）指的是基于互联网的相关服务增加、使用和交付模式。很多人在听到“云”这一说法时感到比较困惑，事实上“云”是基于互联网的按照使用量来付费的模式，可对使用者（或者接入者）提供按需访问的服务。[①] 云计算服务的关键是有一个“云池”，这个“池”当中有存储、软件、网络协议、服务器，既可存在于一个大型的数据中心，也可以存在于一个虚拟社区当中，后者通过将云计算与区块链技术相结合可实现。云计算一般说来需要与大数据技术结合使用，国外的Intel、IBM、XenSystem这些大公司都已经建立了云平台，国内的阿里巴巴、腾讯、京东、苏宁等大公司也在如火如荼地布局云平台。

区块链和云计算的结合可以说是“天作之合”，但是区块链的基础设施并没有替代现有的云计算技术，而是将云计算技术推向了大众。云计算服务具有资源弹性伸缩、快速调整、低成本、高可靠性的特质，能够帮助中小企业快速、低成本地进行区块链开发部署。

三、区块链与人工智能

区块链为去中心化的自治组织（DAO，Decentralized Autonomous Organization）的形成提供了可能，有观点认为区

① 参看美国国家标准与技术研究院（NIST）对“云”的定义。

块链和人工智能所构建的DAO将是一个无法关闭的组织，在这一组织或者说社区中区块链技术将为人工智能带来更多、更新的数据，并引导机器学习，以及对模型进行共享式控制。①

人工智能、机器学习、深度学习这些概念未来将会越来越深入我们的生活和工作，而借助区块链底层技术将解决这些技术在实现的过程中可能会遇到的一些瓶颈。人工智能的发展阶段可以进一步划分为低级人工智能（又称为弱人工智能，ANI）、中级人工智能（又称为强人工智能，AGI）以及高级人工智能（又称为超人工智能，ASI）。弱人工智能的机器不具备自主意识，是擅长单个专业或方向的智能技术；强人工智能是一种宽泛的心理能力，能够思考、规划、解决问题，具有抽象思维、理解复杂概念、快速学习的智能技术；超人工智能在科学创新、通识和社交能力等领域都比人类要聪明很多。② 人工智能在金融领域的实践方兴未艾，如智能投顾（Robo－Advisor）行业，其本质上是将马可维茨的投资组合理论和机器人理财结合起来，是在线投资咨询服务提供商，在全程无人或较少人参与的情况下，在线自动为投资者提供专业的资产组合管理服务，收取的服务费较低。③ 智能投顾服务的依据主要是客户大数据、调查问卷和经验模型。在我国现阶段，比较著名的证券公司例如华泰、广发、光大、长江以及蓝海智投、同花顺、摩羯智投、理财魔方等综合金融服务企业，都建立了智能投顾平台。

但人工智能和智能投顾行业也带来了新的风险，正如Elon

---

① 《区块链将彻底改变人工智能》，http：//www.dataguru.cn/article－10316－1.html。

② 《终于有人把“人工智能”讲明白是怎么回事了》，http://www.360doc.com/content/15/0212/21/18791455_448220606.shtml。

③ 杨东：《链金有法：区块链商业实践与法律指南》，北京航空航天大学出版社，2017年，第47页。

Musk（2017）所表示的那样，我们未来最大威胁恐怕是来自人工智能的发展，因此要确保国家和国际层面设置一些监管措施，以避免我们会做出一些愚蠢的事情。美国研究人员 Cathy O'Neil 在她的《数学杀伤性武器》（*Weapons of Math Destruction*）一书中阐述了目前人工智能由于缺乏相应的监管办法所带来的危险，她认为，机器学习和人工智能在不同领域，包括美国的刑法和教育领域，被快速、不经思考地应用，所以产生了很多问题。她的主要观点是，"预测模型从来都不是中立的，并且恰恰反映了那些创建者们的目标和意识形态。他们也倾向于利用不正当手段对付穷人，加剧社会的不平等"。[①] 该书的观点还认为，由于现有的人工智能方案无法对未来机器学习中存在的问题进行监管，"此处，我们可以考虑的一个选项便是区块链技术，因为区块链拥有一个不可变的、防篡改的操作记录是允许在自主人工智能实体上实施监管的关键机制。区块链还可以根据自主代理的声誉，对任何自主人工智能实体启动访问控制机制。毕竟，对一个非人类的自主人工智能实体而言，这是你唯一可以申请来终止其运行的途径。或者，如果你无法那样做，那就删除社区的访问权限。你可以把这看作是现代的'开除'行为。所以，如果我们想象一个这样的未来，标准都根据人工智能写入区块链而设定，访问控制机制在本质上也都根据自主人工智能实体的'声誉'而构建，由此，我们创建一个监管机制，而该机制无法规避任何自主人工智能代理"。[②] 腾讯公司在《2017 腾讯区块链白皮书》中阐述道，基于"自主创新、安全高效、开放分享"的设计原则，腾讯开放内部能力，搭建了区块链基础设施，"在成熟的腾讯区块

---

① 《区块链可能在人工智能的开发和监管方面发挥关键作用》，http：//blocknews. io/portal. php? mod=view&aid=760。

② 《区块链可能在人工智能的开发和监管方面发挥关键作用》，http：//blocknews. io/portal. php? mod=view&aid=760。

链行业解决方案中，数字资产、智能合约、鉴证证明等核心技术将应用于智能投顾、航空延误理赔、知识产权保护等与金融生活息息相关的多样化场景”。这进一步说明了区块链在人工智能和智能投顾业务方面的不可替代的优势。

四、区块链与物联网

物联网（IOT）的理念实质上早就已经出现，如物流领域的电子射频识别 RFID 系统，就是比较原始的物联网设备，但国际电信联盟（ITU）在 2005 年的一个报告被公认为是物联网概念的完整定义的起点，物联网是“任何时间、任何地点、连接任何人，扩展到连接任何物品，万物的相互连接就形成了物联网”。物联网的基本特征是物与物、人与物之间的信息交互，“以实现智能化的识别、定位、跟踪、监控等业务的一种网络”。[①] 孟岩（2017）在介绍区块链技术下的智能合约在物联网的实际应用时，特别提到，区块链和智能合约将以极高的可靠度限制机器人和其他智能设备（即物联网设备）的行为边界。人工智能解决的是有多大能力的问题，而区块链解决的是有多大责任的问题，而区块链为物联网的使用和监管提供无穷的动力。人工智能可以不断探索物联网技术力量的边界，但必须有区块链来给它立法和进行监管[②]。

五、区块链在其他领域的应用

区块链的进一步发展必然是和其他非金融行业结合起来，其中比较受关注的是电子政务和健康医疗领域，如爱沙尼亚的电子

① 孙其博、刘杰、黎羴等：《物联网：概念、架构与关键技术研究综述》，北京邮电大学学报，2010 年，第 3 期，第 1～9 页。

② 《区块链为智能立法，从比特币看智能资产》，https://mp. weixin. qq. com/s/673YCoNWvgprmzHVYmPx7A。

政务系统建设一直走在世界前列。爱沙尼亚作为全球首个借助区块链等新兴技术完全实现了电子政务的国家，从 20 世纪 90 年代以来就一直在做着相应准备，构建完成了 e－Estonia 项目。后来为了使得世界各个角落的爱沙尼亚人都能享受到优质的电子政务服务，又推出了 e－Residency 项目；后来也在积极考虑将电子政务系统引入政府日常运作框架中，通用服务管理机构（GSA）在 2017 年 9 月 8 日主持召开了“关于新兴技术和开放的数据对于更开明政府的意义”研讨会，对于如何利用区块链等新技术提高政府的透明度和负责任度做了很有意义的探讨。另据报道，2017 年 10 月 14 日，阿里巴巴旗下蚂蚁金服的副总裁一行，来到正在规划中的河北省雄安新区，进行区块链建设方案的汇报，雄安新区管委会主任在听取汇报后，结合雄安新区未来的电子政务管理规划具体方案，提出了对“区块链＋电子政务”的完善建议，双方都期待进一步签署区块链合作的系列协议。

除此以外，电子政务方案里面必然包括扶贫和慈善这些公共事务。我国目前在扶贫方面将区块链应用做得最好的是贵州省政府，《贵阳区块链发展和应用白皮书》（2016）规划了贵阳在区块链对接电子政务方面发展的顶层设计。经过 2016 年和 2017 年的发展，这一类大项目已经打下了扎实的工作基础。不过，根据金色财经的报道，在实际执行中，发展如同进入了一个“无人区”，由于缺少可供参考的依据和实例，以及配套设施的缺乏，困难远比当初想象中要多。① 即便如此，2017 年下半年，区块链在贵阳的初探仍然取得了一系列的阶段性成果，最典型的例如区块链产业创新基金发起，区块链产业组织成立，主权区块链实施技术规范发布等，这些都引起了国内外强烈反响，受到业内人士的高度

① 《贵州省区块链标准工作组会议召开，拟将五个领域区块链应用标准化》，http://www.jinse.com/news/blockchain/84135.html。

关注。

区块链在慈善方面的应用，例如 BitGive 建设的捐赠平台，是一家非营利性数字货币慈善基金会，致力于将比特币及相关技术应用于慈善和人道主义工作中，促进慈善事业发展。[①]

对于这些借助区块链发展的新兴行业尤其是 Fintech2.0 所涉及的那些行业来说，胡滨、尹振涛、郑联盛（2017）认为，目前总体来看，其监管还是一种被动的监管。而区块链则可能会改变这些行业的风险分布结构，导致风险特征的改变，因此需要密切关注这些变化。另外，智能投顾的发展可能会导致监管客体模糊的难题，甚至颠覆金融风险的基本要素。[②] 这些新技术的发展给金融监管人员和监管机构带来了新的挑战。

第三节　区块链对银行、证券和保险业务的贡献及风险评析

一、区块链对银行业的贡献及风险评析

区块链的诞生是金融业的一件大事，从区块链 1.0（数字货币）到区块链 2.0（智能合约），再到秩序互联网，我们看到区块链正在一步步重塑新金融。区块链作为金融科技和互联网金融的最终解决方案，解决了信息不对称、在线欺诈、中介交易成本和监管困难的问题。互联网金融基于平台模式，能够更加高效地提高人们的交易和社交质量、效率，互联网金融的一系列新兴业

① 《腾讯区块链方案白皮书》，http://www.ciotimes.com/blockchain/127307.html。

② 胡滨、尹振涛、郑联盛：《中国金融监管报告（2017）》，社会科学文献出版社，2017 年，第 20～21 页。

态本就是对传统金融的某种颠覆。互联网金融提供的虚拟产品、虚拟服务和平台推送模式，相对传统金融来说更促进了金融服务碎片化、实时化、本地化。① 因为有数据沉淀，互联网金融相对传统金融来说用户的黏性更大。银行业作为传统金融最有代表性的行业，必须正视金融科技的这些新变化，如农业银行积极创新金融科技，开发使用了区块链联盟网络（见图 6-2）。

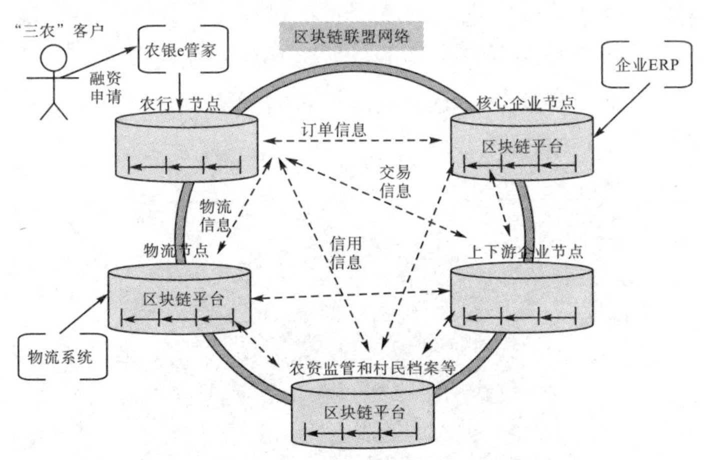

图 6-2　农业银行区块链联盟网络②

国内知名区块链资讯平台“块讯”的报道称，某四大会计师事务所之一的 Fintech Q2 报告显示，2016 年，全球区块链公司的融资额几乎翻了一番，达到 3.67 亿美元。许多银行的新业务需要与技术公司合作进行“概念验证”来测试区块链技术的潜力。据了解，业内普遍认为区块链在银行日常业务和监管执行力上将发挥越来越不可替代的重要作用，尤其是在以下几个方面：①清算结算，作为全球较大的审计业巨头，埃哲森公司预估全球

① 林华：《Fintech 与资产证券化》，中信出版社，2016 年，第 198～200 页。
② 资料来源：中国农业银行、天风证券研究所。

投行若使用区块链进行银行业的清算结算业务，每年可节省至少100亿美元的成本。这无疑也给那些至今仍不愿意拥抱这项新技术的银行敲响了警钟，此后这类清结算效率低下的银行将会被边缘化甚直至被淘汰；②支付领域，埃森哲公司的西蒙·怀特豪斯（Simon Whitehouse，2017）认为银行未来将会绕开央行的区块链试验直接使用SWIFT或者RIPPLE的区块链技术来降低支付的成本和空间，提高支付的效率，不过在中国这个过程可能还比较漫长；③贸易融资，这是银行最感兴趣的项目，而且这一领域很有可能是未来被区块链塑造得最多的领域；④身份验证；⑤银团贷款等①（见图6－3）。

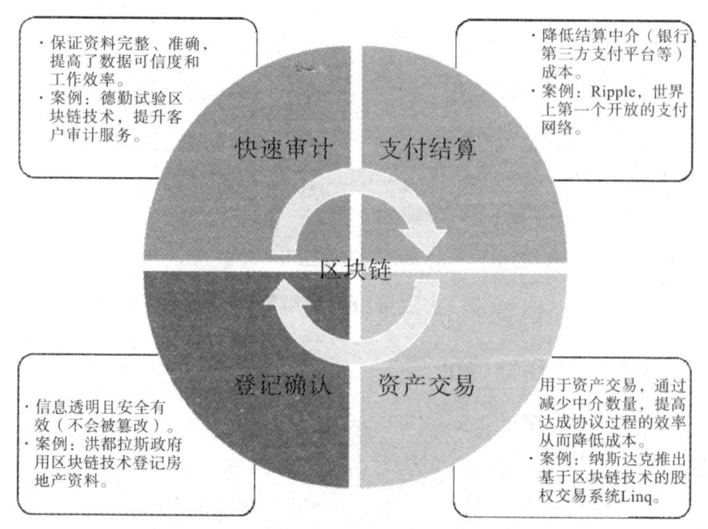

图6－3　区块链在金融行业的应用模式②

---

① 《银行使用区块链的五大方式，其中三种已经成熟》，http：//blocknews.io/portal.php？mod=view&aid=757。

② 资料来源：安信证券。

二、区块链对证券业的贡献及风险评析

关于区块链技术在证券行业的应用，国外比较具有代表性的是智能合约平台 Symbiont，它于 2015 年计划推出一款新产品，即智能证券。该平台的主要负责人指出，这个平台是建立在比特币基础上的系统，“它会对执行数据以及交易中被公布的数据编码，并发布上链，这导致了所有的数据都会出现在区块链上”。[①] 而全球最早接受比特币支付的零售商 Overstock 也在 2015 年宣布将在区块链上发行证券，这个项目已经于 2016 年 3 月启动，大型代理商 Comptuershare 已经加入了它的这一个区块链证券项目；同时，据报道，全球最大的股市战略信息供应商 Georgeson Inc. 也已经参与到这个项目中来，为区块链上的证券稳健、合规化运营和未来的监管提供了强有力的保障。

传统上，证券领域和保险领域的信息不对称问题一直是困扰中小投资者的顽疾，在证券和保险市场上所发生的价格与价值严重错位、抗风险能力低下等问题，其实质上都与信息不对称有着直接或者间接的联系。而区块链的出现对于解决这个顽疾会产生很大功效，从而也会大大降低因为信息不对称问题所产生的监管成本。

《证券登记结算管理办法》规定：“上市证券的发行人，应当委托证券登记结算机构办理其所发行证券的登记业务。证券登记结算机构应当与委托其办理证券登记业务的证券发行人签订证券登记及服务协议，明确双方的权利义务。”“证券登记结算机构根据证券账户的记录，确认证券持有人持有证券的事实，办理证券

① 深圳前海瀚德互联网金融研究院：《区块链金融》，中信出版社，2016 年，第 133 页。

持有人名册的登记。”[①] 根据这些规定，如果将证券的委托办理、登记注册、持有期间的账户变动等信息全部上链，建立一种点对点的股权登记和股权交易的网络，并和智能合约技术结合起来，就能最大限度降低证券登记环节的信息不对称风险。

但是，区块链使得许多证券的交易日和交割日的时间间隔从以天计算缩短至以分钟计算，在减少交易延迟的同时，也容易造成短时间系统性风险的发生，这也是区块链给证券行业带来的较大风险。

三、区块链对保险业的贡献及风险评析

保险业的信息不对称主要体现在保险投资人对于风险的不确定性，以及存在于理赔环节的纠纷。当代保险行业越来越需要保险双方的互信，并由此延伸到所有保险当事人之间的互信，形成一个信任链。区块链的多节点共同维护、不可篡改性、全程可追溯、可编程资产等特性，有助于提高整个保险行业的信任链的质量。深圳前海瀚德互联网金融研究院（2016）指出，区块链可以从三个方面来重塑保险业：其一是技术层面，其二是市场层面，其三是风控层面。[②]

2017 年 10 月，法国保险巨头 AXA 公司宣布将利用区块链技术中的以太坊智能合约来对航班延误保险业务进行服务，利用智能合约的自动执行、安全机制和合约信息的不可篡改等特性，航空延误险这一险种有望实现更有效的赔付程序，并尽可能多地

① 中国证监会：《证券登记结算管理办法》，http://www.csrc.gov.cn/pub/newsite/flb/flfg/bmgz/scjy/201012/t20101231_189748.html。

② 深圳前海瀚德互联网金融研究院：《区块链金融》，中信出版社，2016 年，第 138~140 页。

降低办理手续中的交易成本。[①] 根据此产品初步市场实测的反馈信息，旅客们对这一区块链技术的应用非常欢迎。

另外，一些银行除了经营传统业务外，也开始尝试用区块链做拓展行业，比如根据《CIO时代》的报道，中国建设银行正在与IBM公司合作，为IBM香港零售和商业银行业务开发和推出一种区块链银行保险业务平台。IBM正在利用这种去中心化技术来简化中国建设银行（亚洲）的银行保险业务，实现实时共享的保险政策数据查看，不再需要进行那些延迟保险产品处理时间的状态检查。所有的数据都将被记录和共享在IBM的区块链平台所创建的一种不可更改的账本上[②]，而这些用传统金融科技是难以很好地解决的。

除了区块链与网络时代的银行、证券和保险业务结合以外，另一个游走在证券业和保险业之间的行业，那就是互助行业，也可以跟区块链技术很好地结合起来以降低风险。传统互助行业的历史比较悠远，然而网络互助行业却是2015年前后才发展起来的，其前景不可小觑。如众托帮是国内首个落地区块链技术的网络互助平台，于2016年7月1日正式上线，并获得知名机构及投资人1亿元的天使轮投资，至今会员已经突破500万，是国内网络互助行业第一大平台。[③] 区块链与网络互助行业结合后，互助资金的来源和去向都是透明的，而且互助业务中所涉及的每一个环节都是由智能合约自动执行，从而保证了安全和方便。

但是，区块链技术也使得保险公司担忧该技术的扩展性及与

---

① 《AXA将以太坊技术应用于航空延误险》，https：//mp.weixin.qq.com/s/5tym_tdDtJ4FxVxUWe_q2Q。

② 《理想与现实，区块链落地保险领域实力论证》，http://www.ciotimes.com/blockchain/137529.html。

③ 《插上区块链翅膀的网络互助平台，用户将得到什么?》，http：//hn.cnr.cn/zyjjq/jjqshxt/20170116/t20170116_523488808.shtml。

现有系统之间的兼容性。作为监管方来说，目前保险业变革的关键基础设施还不够完善，给技术融合带来了隐患；同时区块链技术人员专业性不够，难以有效保障各方利益；且区块链技术的发展使现有的强制性、规范性监管变得低效。

第四节　区块链对其他金融行业的价值影响及风险评析

一、区块链+供应链金融的价值及风险评析

供应链金融（SCF，Supply Chain Finance）在本书后面部分将做详细介绍，这里为了介绍区块链在供应链金融上的应用，对供应链金融做一个简要的定义。供应链金融由霍夫曼（2005）提出，即“供应链当中包括外部服务提供者在内的两个以上的组织，通过计划、执行和控制金融资源在组织间的流动，以共同创造价值的一种途径”。① 供应链金融业务可分为应收账款融资业务、存货融资业务和预付款融资业务，其中应收账款融资又可进一步细分为保理业务、保理池融资、反向保理、商业保理，有时候将融资性租赁也归纳到供应链金融业务里面。科法斯在《2013中国企业信用风险状况调查报告》中指出，赊账销售已经成为企业最广泛的支付方式。而兴业银行的一项数据表明，2015 年上半年仅融资租赁我国资产总规模就达到了 2.7 万亿元，而应收账款的市场缺口达到 12.5 万亿元，预计到 2020 年，融资租赁的市

① Hofmann E. Supply Chain Finance：some conceptual insights，Logistics Management，2005.

场总规模将会达到 12 万亿元。[①] 总之，供应链金融万亿级的市场规模正在崛起，市场潜力十分巨大。

供应链金融这一新业态目前在我国的发展方兴未艾，基本还是沿用 B2B 的模式，以核心企业和金融机构为主。这样做的目的是防止交易风险，例如为了得到贷款而对财务数据进行伪造，联合核心企业“做笼子”对金融机构骗贷以及存货质量“以次充好”等带来的风险，而针对这些现象的法律法规还未完善，因此监管的成本很高，进而导致了金融机构审慎放贷，核心企业赢者通吃的局面。这种慎贷、惜贷的现象在供应链金融领域频繁出现，受害者终归还是物流企业和中小供应商企业。[②] 供应链金融强调各个企业的平等，其实质上就是强调中小企业在获取金融服务时享有跟核心企业平等的权利，因此，这对于实现普惠金融是有帮助的。宋华（2016）指出，任何试图使得供应链金融中的企业不平等或者交互性丧失的做法，都会使得供应链金融名存实亡。[③] 所以从这一角度来看，出现上述情况就已经违背了供应链金融业务的宗旨。

越来越多的人相信，借助区块链技术可以重塑供应链金融，区块链技术解决的是供应链金融业务发展中存在的最大痛点——关于监管的问题。区块链可以将供应链上各个节点交易信息整合在一起，确保从采购开始直到最终产品完全交付的全过程安全透明、信息对称，银行可通过这些信息了解到每个节点的特性，进而窥见整个供应链的全貌，这样就对放贷风险有了一定的了解。同时，供应链金融借助区块链技术实现了商流、物流、资金流的

① 网贷天眼研究院：《互联网+供应链金融创新模式》，中国铁道出版社，2017 年，第 66～113 页。

② 杨晏忠：《论商业银行供应链金融的风险防范》，《金融论坛》，2007 年第 10 期，第 42～45 页。

③ 宋华：《供应链金融》，中国人民大学出版社，2016 年，第 14 页。

可视化和畅通。但就目前来看，在区块链上搭建供应链金融生态网络，谁成为第一批吃螃蟹的节点（中小企业、金融机构、核心企业）也是一个问题。对于区块链初创企业来说，区块链要求所有的交易信息必须公开，并且还要说服核心企业和金融机构上链，这对试图垄断整个供应链的大型企业来说又是不可接受的。因此在垄断利益的驱使下，旧技术形成的路径依赖和新技术的博弈将会持续很长一段时间。

事实上，区块链在供应链中同样有着较多的用途。例如杨东（2017）提出区块链可以防止供应链中的零配件供应商擅自更换部件，即“零部件供应商擅自使用与订购者指定的型号不同而成本略低的赝品来进行替换”的情形。[①] 而区块链哈希值的不可篡改性、信息安全性、可追溯性等使供应链对供应商抵押物的所有信息，一目了然，这将有助于供应链金融的顺利开展。同时，区块链还可以让供应链金融的关联企业的授信更加方便和透明。例如上海指旺金科信息技术有限公司开发的供应链金融系统，针对存货融资、应收账款融资、预付款融资和保理业务中安全性和信用度等问题所设计的产品和跨产品组合服务，提供大数据特别是区块链等方面成熟的技术支持，大大促进了供应链中各个流程的统一，增强了供应链的价值创造力。据了解，该公司的日常业务本来集中于消费金融系统、贷后催收系统、ERP 系统、车辆抵押贷款系统等，但后来亦在深耕和布局区块链项目，已经有电子发票、农产品溯源、电子存证、文物档案管理、电子积分商城等项目接入了指旺金科公司的区块链业务接口。该公司在新推出的区块链业务的平台方案中，也将供应链金融业务当作其方案的重中之重。供应链金融在我国尚属新兴行业，但插上了区块链“翅

---

① 杨东：《链金有法：区块链商业实践与法律指南》，北京航空航天大学出版社，2017 年，第 123 页。

膀”的供应链金融能否飞得更快更远，还尚需时日来检验。

二、区块链+P2P的价值及风险评析

P2P（Peer－to－Peer）即点对点网络借贷，这里的“点”即为交易节点。在本书前面部分我们已经对其可能存在的风险和监管要点做了一定评述，在这里，我们进一步对区块链+P2P的价值和潜在风险进行论述。

笔者认为，区块链+P2P跟互联网环境下的P2P本质上是有区别的，数字货币会取代传统货币进行P2P放贷业务，P2P在区块链上才有可能最终实现其互联网金融时代价值的最大化。在区块链上，借贷双方所发生的点对点的交易将更为直接、透明和真实。比较重要的一点是，区块链上的P2P业务为金融脱媒创造了条件。例如美国旧金山的BTCJam公司是一家致力于利用区块链平台提供数字货币P2P借贷业务的实体企业，借贷的客体都是比特币等数字货币。此外，借贷双方都有一个信用评分体系，其中包含一些子项目，通过子项目来进行贷款审核，例如某项贷款申请中“身份验证”显示No，“社交网络”显示Yes，“贝宝验证”显示Yes，“收入验证”显示No，“个人工作经验”显示No，那么这个贷款审核仍有可能无法通过。

第五节　数字货币价格泡沫风险研究——基于SADF模型的实证分析

一、价格泡沫检验研究背景与文献综述

自2017年初开始，数字货币中市值最大的比特币的市场热度逐渐上升，比特币价格波动剧烈。2017年初至2018年1月，

基于区块链技术的数字货币比特币涨幅高达1400%，成为市场中绝对涨幅第一的投资品，也因此吸引了大批投资者与投机客参与其中。数字货币价格飞涨引发了潜在价格泡沫的集聚。

国内外学者对泡沫的内涵进行了界定。“泡沫”是一种或一系列资产在一个连续过程中陡然涨价，开始的价格上升会使人们产生涨价预期，于是又吸引了新的买主，这些人一般只是想通过买卖赚取利润，而对这些资产本身的使用和产生盈利的能力是不感兴趣的。涨价之后常常出现预期的逆转，接着就是价格暴跌，最后以金融危机告终。Stiglitz（1990）指出，如果某种资产未来的价格高于投资者的预期，那么该资产的现值就会上升，此时便产生了泡沫。[①] 国外学者对于资产价格泡沫的测度方法的研究，经历了从市场基本面测度发展到运用SADF方法进行多个价格泡沫的检验的过程。从市场的基本面确定资产价格的泡沫研究源自Lucas（1978）所提出的资产定价模型。[②] West（1987）指出大多数对泡沫的实证研究是用的两步测试。[③] Shiller（1981）提出通过方差界限的方法对资产泡沫进行检验。[④] Diba、Grossman（1988）提出基于协整分析的泡沫检验方法。[⑤] Evans（1991）认为应用于全样本的右尾单位根检验无法测出定期坍塌

① Stiglitz J E. Symposium on bubbles, Jonrnal of Economic Perspectives, 1990, 4 (2): 13－18.

② Lucas R E. Asset prices in an exchange economy, Econometrica, 1978, 46 (6): 1429－1445.

③ West K D. A Specification test for speculative bubbles, Quarterly Journal of Economics, 1986, 102 (3): 553－580.

④ Shiller B R J. Do stock prices move too much to be justified by subsequent changes in dividends? American Economic Review, 1981, 71 (3): 421－436.

⑤ Diba B T, Grossman H I. Explosive rational bubbles in stock prices? American Economic Review, 1987, 78 (3): 520－530.

的泡沫，并通过模拟的方法证明了这一发现。① 为了克服 Evans (1991) 所提出的单位根检验问题，Phillips (2011a) 提出了扩张的 ADF 单位根检验方法，即 Sup ADF (SADF) 右尾单位根检验。该方法采用 SADF 统计量来测试全部样本中存在的爆炸行为，向前递归回归耦合顺序右侧单位根检验，顺序测试评估单位根行为对爆发泡沫的逐期证据。Phillips (2011b) 进一步研究发现了 Sup ADF 对于多个泡沫的测度情况，指出了 SADF 测试具有检验泡沫的实质性能力。SADF 检验不仅应用于测试股票市场的价格泡沫，而且还用于测试商品价格的上涨和房地产市场的泡沫。② Homm、Breitung (2012) 发现，在检验多个泡沫时，SADF 检验比其他检验方法更加稳健。③ 国内学者对于使用 SADF 方法检验价格泡沫的研究与实证分析集中于房地产价格泡沫领域，欧阳志刚、崔文学 (2015) 采用 SADF 方法对北京市场房地产多个泡沫时期的价格进行了检验。在数字货币价格泡沫方面的实证研究则相对较少，邓伟 (2017) 从价格背离性和爆炸性的角度对比特币价格泡沫进行了检验，为比特币存在价格泡沫提供了实证证据。他的研究指出，比特币是一种完美的金融投机对象，投机因素是比特币价格泡沫产生的主要原因，而监管缺失则是导致比特币价格泡沫不断膨胀的重要原因。应用泡沫检验的成熟理论对经历了泡沫爆发过程的比特币价格进行检验将有助于监管机构和投资者更好地审视比特币价格的非理性上涨，并认识

---

① Evans G W. Pitfalls in testing for explosive bubbles in asset prices，American Economic Review，1991，81 (4)：922—930.

② Phillips P C B，Yangru Wu and Jun Yu：Explosive behavior in the 1990s NASDAQ：When did exuberance escalate asset values? International Economic Review，2011，52 (1)：201—226.

③ Homm U，Breitung J. Testing for speculative bubbles in stock markets：A comparison of alternative methods，Journal of Financial Econometrics，2012，10 (1)：198—231.

数字货币的隐性风险。

二、比特币价格泡沫检验的理论模型

根据国内外学者对于泡沫检验的方法进行分析后，本部分将使用 Phillips（2011b）提出的 SADF 方法对比特币价格进行泡沫检验。

（一）泡沫模型与 ADF 检验

根据 Gürkaynak（2008）对资产价格泡沫的论述，资产的价格可以表示为：

$$P_t = \sum_{i=0}^{\infty} \left(\frac{1}{1+r_f}\right)^i E_t(D_{t+i} + U_{t+i}) + B_t \qquad (6-1)$$

式中，P_t 是资产在 t 时的价格，r_f 为无风险利率，E_t 为求期望，D_{t+i} 是持有该资产 $t+i$ 时所获得的收益，U_{t+i} 为不可见的基本性因素，B_t 是泡沫的成分。通常我们将 $P_t^f = P_t - B_t$ 称为市场基本因素，而泡沫成分 B_t 满足爆炸的下列性质：

$$E_t(B_{t+1}) = (1+r_f)B_t \qquad (6-2)$$

基于泡沫的爆炸特性，（6－2）式表明有意愿在比特币市场的交易者存在价格上涨的预期，当比特币价格上涨到一定幅度的时候，交易者相信只要价格上涨便可以支付未来出现的泡沫。因此，当购买者存在上涨预期时，价格将被推高并导致比特币市场价格泡沫的形成。

（二）SADF 泡沫检验模型

Philips（2011b）提出的 SADF 泡沫检验模型可以有效地解

决检验周期性泡沫的问题。[①] 因此，SADF 泡沫检验模型可以用于检验数字货币市场的价格泡沫。SADF 泡沫检验模型是通过向前延伸扩大样本量形成诸多子样本计算右尾单位根，得到递归 ADF 检验统计量序列，再选取 SADF 统计量序列最大值比较并由此判断是否存在泡沫。

$$P_t = \alpha + \rho P_{t-1} + \sum_{j=1}^{P} \varphi_j P_{t-j} + \varepsilon_t, \varepsilon_t \sim iid(0, \delta^2) \tag{6—3}$$

α 为截距项，$\rho P_{t-1} + \sum_{j=1}^{P} \varphi_j P_{t-j}$ 为滞后差分项，其中 ρ 为待定系数，$\varepsilon_t \sim iid(0,\ \delta^2)$ 指随机扰动项 ε_t 服从期望为零的正态分布。

（6—3）式为 ADF 模型，SADF 模型是对（6—3）式中的 ρ 是否大于 1 进行检验：当 $\rho < 1$ 时，价格序列生成过程是平稳过程；当 $\rho = 1$ 时，价格序列生产过程是单位根过程；当 $\rho > 1$ 时，价格序列生产过程是泡沫过程。ADF 泡沫检验模型的备择假设为 $H_1: \rho < 1$，而 SADF 检验的备择假设为 $H_1 > 1$，其中 $\rho = 1 + \frac{c}{k_n}$，$c > 0$，$k_n \to \infty$。所以当单位根之前或者之后出现泡沫的轻微爆炸时，SADF 可以将泡沫检出，因此 SADF 检测的敏感性比 ADF 检验强。

$$\sup\left\{\frac{r_w\left[\int_0^{r_w} W \mathrm{d}W - \frac{1}{2} r_w\right] - \int_0^{r_w} W \mathrm{d}r. W(r_w)}{r_w^{1/2}\left\{r_w \int_0^{r_w} W^2 \mathrm{d}r - \left[\int_0^{r_w} W(r) dr\right]^2\right\}^{\frac{1}{2}}}\right\} r_w \in [r_0, 1] \tag{6—4}$$

---

① 胡晓：《我国房地产价格上涨背后的制度性因素——兼论房地产价格泡沫》，《中央财经大学学报》，2014 年第 7 期，第 91～99 页。

原假设 H_0 代表真实过程是一个不漂移的随机游走过程，SADF 统计量的分布为（6−4）式，W 是标准的维纳过程。

三、实证分析

（一）样本数据及说明

本处的分析选择的是东方财富 choice 数据库的比特币市场每日价格数据，根据市场暴涨的出现时间，样本窗口区间选择从 2017 年 1 月 1 日至 2018 年 11 月 20 日，共计获得 689 个观测值（见图 6−4），并对观测值进行描述性统计（见表 6−1）。

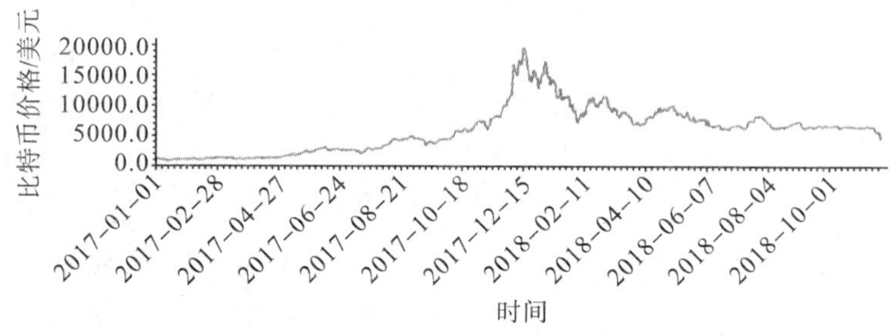

图 6−4　样本窗口期间比特币价格变动情况（单位：美元）

表 6−1　变量描述性统计

变量	均值	中位数	标准差	最小值	最大值	偏度	峰度	JB 统计量
比特币价格	5878.529	6320.46	3822.47	775.98	19373.14	0.75	3.56	74.53

从样本窗口期间的价格走势和变量的描述性统计中可以看出，比特币价格存在着剧烈的波动。其标准差为 3822.47，也说明时间序列数据的分布较为离散，数据波动较大。另外，从最大值 19373.14 与最小值 775.98 的对比中也可以看出样本中价格变化的幅度极大，波动非常剧烈。偏度大于 0 说明其整体的时间序

列数据呈现右偏状态。峰度大于 3 说明其数据的离散程度也比正态分布更大。JB 统计量为 74.53，说明样本的时间序列不服从正态分布。

（二）实证结果

通过 Eviews 软件使用 SADF 检验法对样本的比特币价格数据进行泡沫存在性检验，为了更好地判断泡沫变化过程，本处的窗口选择为 22 天，通过 1000 次蒙特卡洛模拟实验得到泡沫检验的临界值（见表 6-2）。

表 6-2　比特币价格的 SADF 泡沫检验结果

泡沫检验		t-Statistic	Prob. *
SADF 检验		7.56816 * * *	0
临界值	99% level	1.981642	
	95% level	1.546872	
	90% level	1.330035	

注：* * * 和 * 分别表示 *P* 值在 1%和 10%水平下的显著性。

如表 6-2 所示，通过 SADF 法进行泡沫检验发现，样本的统计量为 7.56816，远大于 99%的临界值，说明在 2017 年 1 月 1 日至 2018 年 11 月 20 日之间，比特币价格的时间序列数据存在泡沫。通过临界值的比较还可以直观看出泡沫开始和泡沫消失的具体时间点（见图 6-5）。

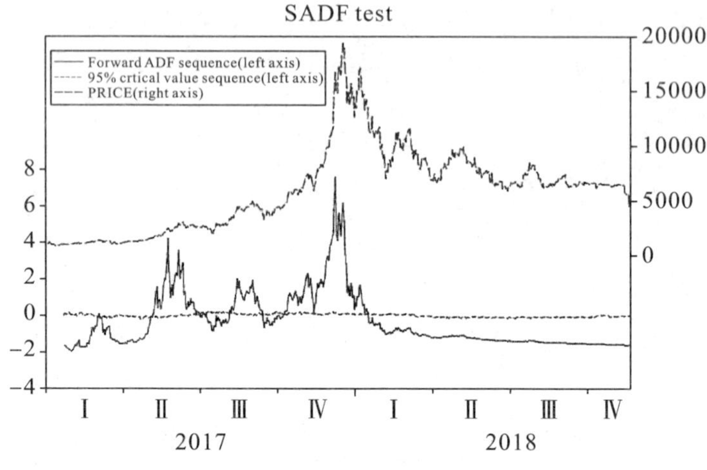

图 6—5 比特币价格 SADF 检验结果

如图 6—5 所示，当 SADF 统计值大于 99%的临界值时，泡沫开始形成，而后又回落到小于临界值的时候泡沫消失。根据上述曲线及统计值的比较，发现在样本区间阶段比特币价格序列共出现 4 次泡沫过程（见表 6—3）。

表 6—3 样本期间比特币价格泡沫周期统计

泡沫次序	泡沫出现的时间段	泡沫持续天数
第一次泡沫	2017 年 3 月 2 日—2017 年 3 月 6 日	5 天
第二次泡沫	2017 年 5 月 5 日—2017 年 6 月 29 日	56 天
第三次泡沫	2017 年 8 月 5 日—2017 年 9 月 12 日	39 天
第四次泡沫	2017 年 10 月 8 日—2018 年 1 月 15 日	100 天

从表 6—3 可以看出，比特币价格泡沫在样本期间出现了 4 次，主要集中于 2017 年，一共出现了 3 次，在 2018 年只有 1 次，后续长时间的下跌也使得比特币泡沫消失。第一次泡沫持续的时间为 5 天，是 4 次泡沫中持续时间最短的一次。而第四次泡

沫持续时间长达 100 天，也是所有泡沫中持续时间最久的，其泡沫峰值达到最大，比特币价格也达到历史最高值。

该泡沫检验结果是稳健的。本处泡沫检验还通过调整窗口长度以及对价格序列取对数来重新进行泡沫检验，结果仍然显示在样本期间比特币价格序列存在泡沫，也显示出现了 4 次泡沫的形成与消失过程、持续时间及出现的时点与上文的检验结果相接近。

（三）结论分析

本部分通过实证检验的方式对比特币的价格泡沫现象进行了检验，发现在 2017 年 1 月至 2018 年 11 月 20 日期间，即比特币市场快速发展的时期存在显著的价格泡沫现象，通过临界值的比较分析估计了 4 次泡沫的具体产生和破灭时点，并进一步通过稳健性检验，验证了研究结果的可靠性。

本处所检验出的第四次泡沫发生在 2017 年 10 月 8 日到 2018 年 1 月 15 日期间，持续时间长达 100 天。与前面的分析相结合可以发现，这一时间段正是数字货币领域风险积聚，市场中投机热情高涨，大量投资者盲目进入参与投资比特币的时间段，多重因素助推了这场持续时间最长泡沫的形成，也使得整体市场风险加剧，为后续长达数月的价格走低埋下伏笔。类似的价格泡沫还存在于其他的数字货币市场中，市场监管者与参与者都应更加重视价格泡沫现象，尽早评估区块链及数字货币市场存在的风险传染效应，制定针对性的监管框架。

第六节　国内外针对区块链行业的监管要求

一、国内针对数字货币和区块链行业相关的发展文件

2013 年 12 月 3 月中国人民银行等五部委联合发布了《关于防范比特币风险的通知》，强调要正确认识比特币的属性，认为比特币是一种虚拟商品而不是货币；并要求各支付机构不得为比特币定价，也不得从事与比特币交易相关联的业务，比特币的登记、交易、结算等服务一律中止，同时比特币也不能用于抵押、信托、储蓄等的标的。进一步的，五部委对于利用比特币可能产生的洗钱、电信诈骗、赌博等非法活动也有所警示。① 此后，比特币的价格一落千丈，数字货币的交易在国内沉寂了一两年时间。

2014 年，央行专门成立了发行主权数字货币的研究小组。

2015 年，央行已经形成了数字货币的系列研究报告，其中涉及的内容包括数字货币的发行和业务运行框架、数字货币发行流通的环境规范、数字货币发行和流通面临的法律问题、数字货币发行对既有的金融体系的冲击、主权数字货币和私人数字货币的冲突等。

2016 年 1 月，央行召开了数字货币的研讨会，来自人民银行、花旗银行和德勤公司的数字货币研究专家分别就数字货币发行的总体框架、货币演进中的国家数字货币、国家发行的加密电子货币等专题进行了研讨和交流。会议肯定了在我国当前经济新

---

① 《人民银行等五部委发布关于防范比特币风险的通知》，http://www.gov.cn/gzdt/2013-12/05/content_2542751.htm。

常态下，探索央行发行数字货币具有积极的现实意义和深远的历史意义。发行数字货币对于减少洗钱、逃漏税等违法犯罪行为有特效，并有助于普惠金融的全面实现。①

2016 年 7 月，由国家发改委参与的“数字货币运行监管”项目联合课题组在北京启动，这一项目联合课题组将在两年内围绕建立主权数字货币的政府监管机制和公众监管机制展开系统性的研究。这不仅标志着我国对主权数字货币的认识到了一个新的高度，也标志着未来的主权之争可能不仅会在空、地、水、网等领域展开，更可能会在数字货币和区块链上展开。

2016 年 11 月，央行公开宣布招聘数字货币领域的专业人士，进行主权数字货币的研发工作。

2017 年 1 月初，央行营业管理部对国内主要数字货币交易平台开展检查，督促其恪守不得违规从事融资融币等金融业务、不得参与洗钱、不得违反国家关于反洗钱等的规定。此后，2017 年 3 月的全国“两会”上，全国人大财经委副主任吴晓灵指出今后比特币监管应该是央行职责范围内的事，毕竟它涉及反洗钱、支付结算等问题。

2017 年 5 月，中国首个区块链标准《区块链参考架构》发布，统一了当前大家对区块链的认识。这对于区块链产业生态发展意义重大。

2017 年 10 月，国内率先在区块链+电子政务的模式上开始探索的贵州省召开区块链标准工作组会议，② 这次会议被认为是区块链标准化前进道路上的又一个里程碑，准备出台《区块链应用指南》《区块链系统测评和选型规范》《基于区块链的数据共享

---

① 《中国人民银行在京召开数字货币研讨会，或推出央行数字货币》，http：//www.8btc.com/yang-hang-shuzihuobi。

② 大数据战略重点实验室：《块数据 3.0——秩序互联网与主权区块链》，中信出版社，2017 年，第 170 页。

开放要求》《基于区块链的精准扶贫实施指南》《基于区块链的数字资产交易实施指南》五个区块链应用领域的标准化方案。①

二、世界各国关于数字货币和区块链行业的态度和监管政策简介

日本于 2016 年 5 月 25 日通过了《虚拟货币法》，正式将包含比特币在内的数字货币纳入法律监管框架，2017 年 4 月 1 日，该法正式实施。日本政府对这一法律中所指的“数字货币”进行了明确的界定。从此，在日本数字货币是货币而不是资产，因此在征税方面也会进行一定调整。

2016 年 8 月，澳大利亚政府宣布，其邮政系统已计划将区块链技术用于选举投票，利用可追溯、不可篡改、匿名和非对称加密等特点帮助邮政系统进行监管。② 澳大利亚官方早已组建了一个国际技术委员会，旨在创建区块链国际标准。澳大利亚政府规定，大型银行和金融机构在参与区块链项目之前，必须首先获得澳大利亚公平竞争与消费者委员会的批准。③ 而澳大利亚证券交易所（ASX）早在 2015 年 10 月就宣布用区块链来改进证券结算系统，实质性的升级进程将会从 2016 年底开始。

美国银行监管机构货币监理署（OCC）在 2014 年就已经将以区块链作为底层协议的比特币等数字货币的运行纳入了银行风险评估报告当中。胡滨、尹振涛、郑联盛（2017）认为，总体而

① 《贵州省区块链标准工作组会议召开，拟将五个领域区块链应用标准化》，http：//www.jinse.com/news/blockchain/84135.html。

② 《澳大利亚邮政局计划在 2017 年利用区块链投票》，http://www.bitecoin.com/online/2016/08/20127.html。

③ 胡滨、尹振涛、郑联盛：《中国金融监管报告（2017）》，社会科学文献出版社，2017 年，第 188 页。

言美国政府对于区块链的监管很严格，监管目标以稳定为主。①

俄罗斯一直对数字货币持暧昧态度，但总体上偏于保守，出台了一系列禁止比特币的政府文件。2015年初，俄罗斯关闭境内的比特币交易网站。而实际上，区块链在俄罗斯真实经济中的使用案例却在逐渐增加，例如来自真实工业生产领域的ZrCoin项目，还有集体农业项目Kolionovo。这些无不与政府的默许有关。

乌克兰的“全国区块链电子政务合作计划”尝试在国家状态寄存器、公共服务、社会保障、公共卫生和能源部门等范畴运用区块链技术。2017年10月乌克兰数字货币已经合法化。

2017年10月24日，根据金色财经的报道，印度尼西亚政府决定暂时不将比特币等数字货币纳入支付手段范畴。

菲律宾政府也发布了数字货币发展的指导方针，其中最主要的内容是关于数字货币交易所。目前菲律宾政府对于比特币的态度是积极的，但也承认要加强监管。

2017年11月3日，埃塞俄比亚召开金融创新（Finnovation）峰会，会议有区块链讨论环节，涉及区块链在埃塞俄比亚数字医疗、电子政务、农产品溯源及金融监管等方面的应用。数家中国公司参加了此次峰会。

2017年11月21日—23日，尼日利亚召开区块链金融峰会，非洲20多个国家的政要和互联网金融巨头，包括数家非洲顶级媒体参加峰会，对区块链技术在尼日利亚和非洲其他国家诸多领域的应用前景展开探讨。

这些会议表明区块链技术在非洲国家获得了广泛认同和充分重视，由于没有路径依赖，很有可能在非洲落后地方获得优先发展。

---

① 胡滨、尹振涛、郑联盛：《中国金融监管报告（2017）》，社会科学文献出版社，2017年，第189页。

第七节　区块链技术在金融及非金融监管革新上的作用

区块链技术所固有的去信任机制、不可篡改、可追溯和共同维护等特性，使得金融监管特别是Fintech的监管有了新的技术保证，对于提高监管效率、降低监管成本、探索新的监管范式和监管工具，都具有积极意义。大数据战略重点实验室（2017）认为，区块链的“共监管”机制与一般的监管机制有所区别，“共监管”机制强调区块链网络中各参与节点的共同监管、共同治理、集体维护，因此是“分而治之”，英文为DAO（即“分布式自治组织”）。[①] 分布式自治依赖区块链上的共识算法机制。因此，借助这一技术，虽然是无人监督，但人人（或每个节点）都是监督者，使得节点之间交互的“润滑度”大大提高。且这种机制的好处还包括减少技术风险、信息泄露的风险，也减少了运营成本。而上述机制的建立只有利用区块链底层技术和加密算法才能够实现。金融科技（Fintech）还面临跨界风险，即Fintech跟传统金融的一个显著区别是，它跨越了多个部门多个行业，比传统金融领域的综合化经营更加复杂。因此，这种跨界行为给金融监管提出了深刻挑战，导致监管机构对Fintech企业的弱监管或者对风险的把控不到位、不准确，难以对症下药。而区块链技术则为Fintech领域跨界风险的管控提供了可能。另外，胡滨、尹振涛、郑联盛（2017）提出了一个“自伺服”的风险，这是Fintech面临的重大挑战之一，拿智能投顾行业来说，在机器学

① 大数据战略重点实验室：《块数据3.0——秩序互联网与主权区块链》，中信出版社，2017年，第207～208页。

习到达一定级别之后，由于自伺服功能的算法及模型会出现一个风险累积，会使得人工智能理财存在智能欺诈的风险。但是，运用区块链的加密技术、可编程资产技术跟人工智能的结合，则可以更好地使人工智能理财等的应用合规化并符合相关的微观监管标准，而并非只是单方面强化已有的微观监管标准，从而可以形成一个新技术，这就是本书后面将要谈论到的监管科技（Reg－tech）。[①] Reg－tech 是一个很复杂、很庞大的技术体系，几乎可以深入新金融甚至非金融应用场景的各个方面，未来必然覆盖传统所有的监管体系，而区块链在其中所起的作用无疑是举足轻重的。由于篇幅有限，本书下面将重点介绍区块链在票据监管、传统互联网金融和电商领域监管的作用。

一、区块链技术对票据监管的作用

国家税务总局在 2015 年底出台的公告对于全面的“营改增”系统启动做了规定和部署，要求从 2016 年 1 月 1 日开始其他的电子发票系统停止运营。全国统一的增值税发票系统，对于开票量较大的行业，特别是电子商务行业的增值税电子发票的开票问题，无疑是有利的。同时出台的还有新修订的《会计档案管理办法》，其中第八、第九条明确规定了属于归档的材料和含有符合《电子签名法》规定的电子签名的材料，都可以仅以电子形式保存。[②]

但是张庆胜、刘海法（2017）指出区块链技术在电子发票的应用当中还需要克服几个瓶颈：第一是使用共识算法的问题，认

---

① 胡滨、尹振涛、郑联盛：《中国金融监管报告（2017）》，社会科学文献出版社，2017 年，第 14～15 页。

② 《中华人民共和国财政部　国家档案局令第 79 号——会计档案管理办法》，http：//www.mof.gov.cn/mofhome/tfs/zhengwuxinxi/caizhengbuling/201512/t20151214_1613338.html。

为如果采用原有的工作量证明会造成很大概率的“分叉”事件。第二是需要采用全国统一的加密算法，以便最大限度地保障电子发票的安全存放。而我国已有的“国密算法”SM2/3/4 早在 2011 年就开始使用，是非对称的加密算法，正好与区块链的特性相符。第三是电子发票在区块链上的节点身份验证的问题，这是一个不容忽视的问题。第四是权限和接口的封装问题，这涉及权限管理，不同节点，包括开票方（票仓）、受票方、税务机构、开票平台等都须具有一定的权限，那么对应地也要有接口集合，所有这些信息必须上链。①

二、区块链技术对传统互联网金融监管的作用

为了进一步做好金融服务实体经济功能，管控金融行业风险，2017 年 7 月，全国金融工作会议在北京召开。何海峰（2017）认为上海在建设国际金融中心的过程中注重推动金融审判庭、金融检察处（科）以及金融仲裁院等机构的发展，金融集聚效应显著。② 这一经验值得向全国推广。事实上，全国金融司法裁判制度近几年已经建立起来，其中尤以上海地区的金融审判庭发挥的作用最为突出。2012 年起，上海金融审判庭发挥了多重功能：第一是防范化解金融风险，第二是促进金融商事案件的法律适用统一，第三是对金融交易起到了较好的规则形成和价值引领作用。③ 这些都可以通过区块链技术来更好地解决：首先，区块链技术的信用机制和分布式管理有助于控制行业风险；其

① 张庆胜、刘海法：《基于区块链的电子发票系统研究》，《信息安全研究》，2017 年第 6 期，第 516～522 页。

② 吴晓灵：《中国金融政策报告（2017）》，中国金融出版社，2017 年，第 176～177 页。

③ 《上海金融审判庭建设“一马当先”》，http：//money.163.com/17/0823/08/CSGSH1T5002580S6.html。

次，仲裁过程与区块链智能合约的结合对于提高法律的执行效率是有帮助的；再次，区块链的不可篡改性对于规则的强制执行和秩序的形成非常有利。因此，未来金融审判庭可能会借助区块链技术进一步加强其职能建设。

三、区块链技术对国内及跨境电商领域监管的作用

数年前，电子商务还是一种新兴业态，但是这几年的发展风起云涌，像阿里巴巴、京东、苏宁、唯品会等国内最具影响力的电商巨头，已经通过无数次的成功体验塑造了广大消费者的网上购买习惯和支付习惯。此外，由于消费者对国外产品的青睐，以及国外产品的可获得渠道大大拓宽，国内居民“海淘”的跨境电商行为正在呈现一个爆发式增长的态势。但是无论是国内还是跨境，对于电商的监管始终处于一个尴尬的境地。电商带来的主要风险是假货充斥、维权困难、侵权严重、新型诈骗多发，其实质还是源于电商模式的信息不对称的问题，即电商平台、网上店铺和消费者三者的地位不平等。杨东（2017）指出，当前对于电商的监管存在以下问题：①市场准入的措施较多，电商行业监管插手了过多不该插手的许可环节，使得其效率低下，没有真正起到促进行业发展的作用。②监管措施缺位、多头监管、重复监管极为严重，对于那些技术门槛较低的很好管理的领域，总是有多个部门出现；对于那些技术门槛较高的较难管理的领域，本该投入更多资源进行监管，且进行专业化分工，但是监管部门总是门可罗雀。这本质上属于监管责任分配和落实不到位的问题。③监管工具较为落后，因此，Reg－tech 为主导的监管工具的升级势在必行。[①]

① 杨东：《链金有法：区块链商业实践与法律指南》，北京航空航天大学出版社，2017 年，第 212～214 页。

区块链目前来看是有效解决上述电商领域监管困境的一剂良方。对于电商的监管，首先是要确认合理化监管的总体思路，即监管机构要采取顺应现代互联网和网购思维的多角化治理策略；其次是引进可有效整合监管信息碎片的大数据技术，而区块链对于通过大数据提高线下线上企业和机构的联动性，共建新时代互联网营销和支付监管体系，无疑将起到基础性作用；再次是利用区块链可以解决当事人和商品的信息溯源、信息核查、交易确认等环节中存在的成本过高的问题。例如国内较早从事区块链应用项目接口技术研发的上海指旺金科信息科技有限公司（以下简称“指旺金科”），在2017年下半年开始大力布局区块链上的农产品溯源平台项目。针对目前市场上大量存在的“无公害产品”“绿色产品”“有机产品”“中国地理标志产品”等有标签但是名不副实的产品，该公司引入的农产品溯源平台充分利用区块链的不可篡改、时间戳、私有加密等功能，保证产品的绝对真实性，包含所需要了解的原产地信息（比如农产品的播种、发芽、育秧、灌溉、施肥等）、产品的批号信息、工厂和加工数据信息、有效期信息、存储过程中的温度湿度、运输环节的信息将全部上到链上，便于查询和核对。当这些信息得到链上所有节点的共同认证时，就会形成永久的不可篡改信息，保存在链上。农产品溯源利用了区块链信息的不可篡改性，在信息确认的过程中，会形成一个个的区块。然后在消费者下单成功后，又会形成新的区块。因此这些区块链既记录产品信息，又记录物流信息，还记录交易信息。鉴于此，在平台运行过程中，需要不断对区块进行扩容，并对冗余数据进行处理，以更好地适应区块链对农产品电商的监管。

第八节　针对“区块链+”的监管框架和方式探索

区块链技术本身含有的风险主要是交易被篡改的风险、私钥丢失的风险、隐私暴露的风险及效率风险等。[①] 在这其中，交易被篡改的风险和隐私暴露的风险也涉及对“区块链+传统行业”的监管。理论上来说，金融监管的工具主要有三个：一是法律工具，二是行政工具，三是经济工具。法律工具指的是通过制定共同的法规和金融准则等，实现对金融监管部门和金融机构的约束力的监管手段。行政工具指的是通过发布文件和临时通知等要求金融主体在生效期之前无条件执行的监管手段，例如前述央行等七部委联合发布的《关于防范代币发行融资风险的公告》就属此类。经济工具指的是监管机构通过经济利益来影响金融主体经营行为和利润的监管手段，例如风险准备金的调整，这类手段往往是使用频次最多的。其中通过法律对金融活动进行监管无疑是金融监管的基石，因此对于区块链金融的监管来说，制定相关的细致的法律条文，建立完善的法律体系是非常必要的。条文越细致严谨，体系越完善，对于区块链金融相关活动的监管就越有利，也就越能促进这类行业的健康有序发展，从而为国民经济做出更大贡献。[②] 然而，在对区块链行业的监管实践中，如果能够把上述三大类的监管有机地结合起来，自然能够对区块链金融活动起到最佳作用。中关村互联网金融研究院 2016 年 11 月指出，目前，区块链标准化

---

① 杨东：《链金有法：区块链商业实践与法律指南》，北京航空航天大学出版社，2017 年，第 28～29 页。

② 李成：《金融监管学》，高等教育出版社，2007 年，第 17～22 页。

成为我国区块链行业发展的重点方向。无论国内外，区块链标准都尚属空白状态。这里所说的标准包括行业技术标准、应用标准及操作标准，当然也应该包括监管标准。尤其是各个监管工具的标准亟待确立，监管工具的标准对于企业降低商业化成本，对于政府制定政策都是重要的依据。[①]

2017 年 7 月，国家计算机网络应急技术处理协调中心等发布了《合规区块链指引》白皮书。白皮书指出，对区块链技术及其应用生态进行监管的目的是使之真正服务于实体经济，而不是进行监管套利。在 BaaS（区块链即应用）、云节点成为区块链网络的基本形态，链圈业务急剧铺开，全国各大区块链研究机构都开始进行专利布局，以及币圈的 ICO 疯狂套取数字货币（当时还未发布七部委禁令）等的背景下，区块链大行业体系存在大量山寨币充斥市场、鱼龙混杂的现象，给不法分子提供了浑水摸鱼的大好机会。另外，由于不恰当的炒作、对币圈从业者的门槛太低和把关审核不严，也使得虚假信息、短期投机泛滥成灾。更有甚者，在一定程度上也为洗钱、传销、电信诈骗、庞氏骗局等传统的金融领域违法犯罪行为提供了新的温床。

当前，区块链行业在身份问题、安全问题、监管方式问题等方面存在巨大的风险漏洞。具体表现为：首先，不法分子可能会借助区块链的匿名性，在链上从事非法活动，因此，对区块链的监管应包含对链上的身份进行有效识别和查证，使得犯罪行为无空可钻。其次，密钥（主要是私钥的）安全、数据安全和隐私安全都需要通过有效监管来保障。最后，在监管方式方面需要进行更加深入的探索。其中，对监管方式的探索具体应该从三个角度

---

① 中关村互联网金融研究院：《区块链与云计算、大数据、物联网、人工智能等前沿技术如何互相成就?》，http：//8btc.com/article-3983-1.html。

进行：一是对链上交易主体的监管方式的探索。二是对区块链交易平台的监管方式的探索，随着“区块链+”的各种应用渐次铺开，各种业务平台将会呈现一个爆发式增长，相应的监管既不能搞“一刀切”，使监管成为行业发展的羁绊，又不能太滞后，使得风险也随着行业的滋生呈现几何式增长；同时既要针对区块链+证券交易平台、区块链+期货和衍生品交易平台、区块链+租赁平台、区块链+保险平台等区块链金融业务平台，也要针对区块链+电子发票平台、区块链+数字存证平台等非金融业务平台。三是对区块链业务的监管方式的探索，这应该涉及业务所有相关各方的联合监管。

一、数字化金融资产的监管方式探微

随着数字资产的价值日益增加，对数字资产风险的研究也就相应应该提上议事日程，欧美发达国家早已开始就数字资产的风险进行识别并启动相应的立法工作，相应的技术也在逐步被运用到风险控制和监管当中。例如 Ledger 是一家专注于加密资产及区块链应用安全解决方案的法国创业公司，其已与 Intel 公司达成合作，旨在为数字钱包用户提供更安全的解决方案，该解决方案旨在保护用户的私钥免受未经授权的使用，可以使得交易过程中的敏感信息保存在软件保护的扩展层中，而不是在应用存储中，这有效地保证了区块链上交易的安全性。[①] 由此看来，尽管区块链的初衷是保证交易能够更安全地进行，但是在一些特殊情况下还需要有针对性地做适当的技术改进。笔者认为，这是由于数字资产的特殊性，在风险识别过程中可能要更加细致、更加审慎。大体上来说，这三类风险是不能忽视的：①数字资产产权的

---

① 《OKEx 以太坊兑比特币拉涨 Ledger 联手英特尔促区块链安全》，http：//hy. stock. cnfol. com/jinrongbaoxian/20171025/25521630. shtml。

归属风险。随着区块链技术的深入发展，区块链上进行产权登记和数字资产的确权将逐步兴起，但是链上的数字化资产只拥有“映射产权”，而不具有实体产权，如何根据映射产权来合法获取实体产权，这其中存在着一定的归属风险。②数字资产的认证风险。区块链上的数字资产的认证由于其匿名性和映射性，使得数字资产在实体企业应用时会遭遇到障碍，此为认证风险。③数字资产的交易风险。这是指根据现行法律的有关规定，有些交易只能够在场内进行，因此用区块链平台交易这些金融产品就会面临无法转让和兑现的问题，比如期货、期权等金融衍生品对于场所的要求。[①]

区块链技术的全面深入渗透和发展，加快了数字经济和数字化金融资产的发展步伐，针对大量金融类、非金融类资产上链以后可能面临的新风险和新挑战，至少应该做到：

（1）建立跨部门联合监管的长效机制，更重要的是各个监管部门要各司其职，不要多头监管。监管主体应该包括一行三会，工商和司法部门等。

（2）建立信息建立共享机制，信息共享既可以是各个监管机构之间的信息共享，也可以是各个提供区块链技术应用平台之间的信息共享，后者涉及不同区块链之间的跨链技术、数字货币兑换比率和不同平台财务指标的统一等问题。

（3）最后，区块链技术所涉及的基础协议、技术本身的复杂性和区块链金融风险在国际间的传递性决定了对这一行业的监管必须是多国联合监管，通过国际合作共同完成。

---

① 杨东：《链金有法：区块链商业实践与法律指南》，北京航空航天大学出版社，2017 年，第 234～237 页。

二、区块链技术给传统法律监管带来的挑战及应对策略

根据林华（2016）的说法，政策监管的不协调为包括区块链在内的互联网金融的初期发展提供了一个黄金时期，造就了一些“区块链+”的新兴业态游离于传统的法治机制和监管机制以外，但同时也让它们获得了某些“治外法权”。[①] 李志杰、李一丁、李付雷（2017）指出了区块链技术将法定货币和非法定货币的界定和对后者的监管，变得异常迫切。尽管以比特币为代表的数字货币可以弥补现有货币体系的部分缺点，更为安全、高效、快捷地服务于经济社会的发展，但是也给监管体系带来了很多挑战，比如：第一，法律性质的模糊，即相关的法律还没有跟上，因此其应该承担的权利和义务也就相应比较模糊；第二，数字货币的算法固定解和总量受限，这些特点使得它不可能成为调节宏观经济的工具选项；第三，数字货币和数字资产的交换没有形成行业标准，由于信息不对称，存在恶意炒作，囤积居奇，违反基本的商业道德的可能性很大等。[②] 特别需要指出的是51%攻击的问题。所谓的51%攻击是指在区块链系统运行的过程中，如果一个恶意节点或者攻击者掌握了其中51%的节点，那么他将能够修改自己的交易记录，这样就对区块链上数据不可篡改的特性带来了严重威胁。很多区块链专家及其著作都承认，目前区块链实际应用方面最大的威胁实际上还是来自51%攻击。理论上说，51%攻击需要攻击者大量的算力作为支撑，实现的可能性很小，但是并不排除其可能性。另外，以比特币为例，目前为了拼算力

---

① 林华：《Fintech与资产证券化》，中信出版社，2016年，第8页。

② 李志杰、李一丁、李付雷：《法定与非法定数字货币的界定与发展前景》，《清华金融评论》，2017年第4期，第29～30页。

通常会合并几个矿池来进行挖矿，因此，在全网算力不扩容的前提下很有可能几个矿池的算力总和就接近了51%，这就不是“去中心化”而是“中心化”的系统了。[①] 由此产生了一个“51%攻击”的风险，显然这种风险是非传统的金融风险，现有的技术和监管措施将无能为力。谢平（2015）认为，区块链的去中心化未来可能会使金融企业或者金融机构更能有效地采取监管规避措施，并且更严重的是，由于去中心化的运作和中心化的监管同时发生可能导致监管“制度性的错配”发生，这对监管主体和客体都是不利的。[②]

如同互联网金融公司的合规措施一样，在区块链金融行业的初创阶段，监管措施必然缺位，除了企业须严格按照旧有的金融行业规范经营以外，最主要的是必须把保护节点的合法权益、风险控制、行业自律等放在首位。否则，类似2014年“e租宝”事件的这种利用互联网金融监管的漏洞进行严重非法集资的案件还有可能发生。建议当前针对基于区块链技术的互联网金融平台，在一个相对长的时期内，还应该严格遵循2015年中国人民银行等十部委联合下发的《关于促进互联网金融健康发展的指导意见》和2016年10月13日国务院下发的《互联网金融风险专项整治工作实施方案》等文件。对于可能会导致监管缺失的交易行为，应该利用行政和经济相结合的手段，尽快采取加强风险隐患排查、暂时冻结等措施，努力将风险造成的损失降到最低。

---

① 大数据战略重点实验室：《块数据3.0——秩序互联网与主权区块链》，中信出版社，2017年，第223页。

② 谢平：《互联网金融去中心化或降低系统性风险》，在“2015普惠金融CRO全球峰会”上的演讲，2015年10月30日。

三、对“区块链+”的监管如何跟新技术结合的一点思考

区块链本身是一项比较新的技术。根据1995年高德纳咨询公司（Gartner）的分析报告，一项新技术从概念的设计到商业应用，需要经过科技诞生的促动期、过高期望的峰值、泡沫化的低谷期、稳步爬升的光明期和实质生产的高峰期这5个阶段。因此诞生了“几”字形的技术成熟度曲线，也称为Gartner曲线。2009年云计算刚出现的时候处于第二阶段，而3D打印在2012年才开始出现在Gartner曲线之上，处于第一阶段。虚拟现实（VR）技术和3D打印技术在2015年分别处于第四和第五阶段。这说明其商用已初具规模。而区块链技术则在2016年才开始出现在曲线上，并且位于第一阶段，2017年上半年位于第二阶段。[①] 这说明它还有很大的爬升空间，但同时也会给监管带来很多新的、难以预测的问题。胡滨、尹振涛、郑联盛（2017）指出，包括区块链在内的Fintech的兴起，为金融监管带来了新的技术，这就是所谓Reg－tech的出现；并指出，Reg－tech是为了能够更好地解决监管和合规而出现的，致力于以新兴技术在金融体系特别是微观领域的运用来使Fintech技术更好地符合原有的监管标准和合规要求；但是监管科技本身却给监管体系带来了新的问题，也许在解决问题的同时反而降低了其他行业的监管效率。[②] 而英国的金融行为监管局此前发布的“项目创新：监管科技”计划，以及其后的三次密集性技术攻关，为英国Fintech领

① Gartner. Gartner's 2016 Hype Cycle for Emerging Technologies Identifies Three Key Trends That Organizations Must Track to Gain Competitive Advantage, https：//www. gartner. com/newsroom/id/3412017.

② 胡滨、尹振涛、郑联盛：《中国金融监管报告（2017）》，社会科学文献出版社，2017年，第25～26页。

域的初创主体顺利进入英国市场并且快速适应英国监管要求创造了条件。① 但是在具体的监管强化的安排上，英国金融行为监管局还处于探索的初步阶段。②

国外针对“区块链+”等金融科技的监管比较有名的是监管沙盒，它是英国于 2015 年 3 月份提出来的对互联网金融行业监管模式的创新。所谓监管沙盒就是指一种有利于 Fintech 企业测试金融新产品、服务模式、营销模式等的安全空间，或者说模型。从这一特点来看，包含区块链企业在内的所有 Fintech 企业都可以利用沙盒来随时验证和测试他们开发的产品是否符合监管部门的要求。③④ 虽然本质上是模型，但适用场景还是真实的生活场景。监管沙盒可以被看成是金融科技领域的“头脑风暴”，可以在不用过度考虑责任的前提下激发这类企业的创新活力，体现的是适度监管不仅不会阻碍新科技的发展，反而有利于科技创新的发展。

我国的互联网金融领域监管沙盒的创建也在路上。2017 年 9 月 12 日，工信部牵头并授权组建“中国市协会沙盒监管促进会”，并责成深圳市着手建立“深圳市区块链专委会”，该委员会和中国电商协会金融科技研究院、深圳电商协会等机构合作在 9 月 23 日举办了首次沙盒监管高峰论坛，并对“中国电商协会监管沙盒总部基地”进行了揭牌仪式。在当日举办的论坛以及其后的揭牌仪式上，阿里巴巴、腾讯、京东、华为等著名电信企业和

---

① FCA，“Project Innovation：Next Steps”，June 21，2016，https://www.fca.org.uk/firms/project-innovate-innovation-hub/next-steps.

② 胡滨、尹振涛、郑联盛：《中国金融监管报告（2017）》，社会科学文献出版社，2017 年，第 27 页。

③ 胡滨、杨楷：《监管沙盒的应用与启示》，《中国金融》，2017 年第 2 期，第 68 页。

④ 黄震、蒋松成：《监管沙盒与互联网金融监管》，《中国金融》，2017 年第 2 期，第 70 页。

央行、工商管理总局等顶级管理机构均派代表出席。这次活动是我国首次沙盒监管的制度化的尝试，标志着区块链等金融科技企业的行业自律和合规化将步入一个新的水平。

监管沙盒模式和我国“区块链+”行业的监管相结合无疑是今后业内人士、监管部门都应该关注的重点，监管沙盒的体系在我国 Fintech 行业领域已经逐步建立起来并日渐完善。但是监管沙盒体系的建立需要克服很多困难，结合国内多篇讨论监管沙盒的文章，本书认为区块链行业的监管沙盒面临的瓶颈主要有：①资源配备的问题，怎么保护金融消费者，怎么判定一项金融科技创新是否具有潜力，技术创新的成效如何评判等，这些都需要硬件和软件资源的配备；②监管沙盒的运行机制与传统监管体系的对接还需要完善，对某些区块链行业的创新活动而设置的监管沙盒的临时性宽松管制，与相对应的监管措施，尤其是法律法规方面的监管措施的严谨性与约束性，这两者所产生的冲突，还需要进一步研究协调方案。对此，胡滨（2016）认为，我国利用监管沙盒需要明确以下几个重点任务：①应该明确监管沙盒的监管主体，无论是决策主体还是操作主体都须明确，这是因为金融业的混业经营比较普遍；②具体措施应该是逐个实施，避免大水漫灌式，并特别指出应从采用“限制性授权、监管豁免、免强制执行函等措施”对一些特定行业的监管试行开始；③鉴于我国的特殊情况，现阶段监管沙盒的设计总体上应与现有法律相一致，如果存在冲突，应以现行法律为主。①

戴闰秒（2017）指出，今后的社会是编程社会，不管是监管、市场还是研发人员，在分布式结构中的各方必须学会编程等底层技术。如果不懂得底层技术，提出的风险防控或监管对策则

① 胡滨：《中国金融监管报告（2016）》，社会科学文献出版社，2016，第 14～17 页。

很可能与底层运行的逻辑不一致。[①] 另外，监管机构在保证风险不外溢和消费者权益得到保护的前提下，实际上要做的不是收紧监管，而恰恰是放松监管，这一点在监管沙盒中很重要，这将使区块链金融企业可以放开手脚，不用畏首畏尾或担心体制机制障碍，这样才有利于这些企业的长足发展。

---

① 《中国虚拟货币或尝试“监管沙盒”》，http：//finance. sina. com. cn/roll/2017－07－01/doc－ifyhrxsk1504621. shtml。

第七章　互联网供应链金融监管研究

近年来，我国互联网供应链金融在国家中性货币政策背景下发展迅速。目前，已经形成了六大发展方向，包括网络贷款、第三方支付、小额贷款公司、公共融资、金融产品网络集成销售和网络货币。互联网供应链金融作为一种新型金融业态，同样是金融业的创新和发展，是传统金融业的重要有益补充。

第一节　互联网供应链金融的概念

供应链金融环节的核心企业与配套的上游、下游企业通过一个具体的产业链，形成稳定的“产、供、销”链条，并提供综合金融服务。一方面，它降低了整个供应链的运营成本；另一方面，它依赖于金融资本的合作和实体经济形成稳定的“产、供、销”的银行链。企业努力建设互利互惠、可持续发展的产业生态系统。“互联网供应链金融”是“互联网+”与“供应链金融”一体化的产物。它是利用互联网 IT 技术实现高度在线、自动化的金融服务，在市场结构、交易结构、运作模式、风控技术等方面都进行了创新。与普通信用产品相比，互联网供应链金融的风控就是对整个产业链进行评估，并将供应链中的相关企业作为一个整体，基于交易的真实性给予产业链信用，注重闭环。有效的资金注入供应链为相关中小企业提供了灵活全面的金融产品和服务，是金融体系的有力补充。

互联网供应链金融是一个新趋势，是金融业和运用供应链管理的实体经济之间相互融合发展后的高级阶段。它涵盖了电子商务、网上第三方支付、融资租赁和物流管理等环节。它是一种较为复杂的新型金融产品，具有以下特征：①信用数据源来自电子商务平台上运行的供应链上的中小型企业的大量交易数据及由此形成的电子商务信用体系；②牵头开展互联网供应链金融的资金提供者，往往也是电子商务平台的运营商；③借款对象主要是平台上的中小型企业。

互联网供应链金融分为两种模式：一种是以电商为主导的模式，另一种是以网络银行为主导的模式。郭菊娥等（2014）认为，互联网供应链金融是供应链金融服务的前沿领域，也是互联网金融的重要组成部分。其将互联网供应链金融分为运用电商平台的互联网供应链金融和传统离线供应链金融两个部分。根据电子商务平台与网络银行是否为同一人，可将基于电子商务平台的互联网供应链金融划分为运用自营电子商务平台的互联网供应链金融（如商业银行自建的电子商务金融平台、电子商务业务）和借助第三方电子商务平台的互联网供应链金融。基于自营电子商务平台的供应链金融平台的资金主要来源于平台的自有资金和网络借贷平台的资金，例如阿里巴巴集团的“阿里小额信贷”、京东的“北京小额信贷”等。根据银行是否参与交易过程，基于第三方 B2B 平台的互联网供应链融资分为封闭式和开放式两种类型：封闭式是指银行、电子商务平台和物流平台的对接，银行可以监控“第三级”；开放式是指银行不干预企业的交易过程。郭菊娥等提出电子商务平台主导模式和银行主导模式分类均属于基于自营电子商务平台的互联网供应链金融模式。此外，学者们认为，互联网供应链金融征信模式不应是传统的互联网供应链金融，而应创新运用电子商务大数据平台和支付数据信息等。而郭菊娥等将传统的供应链金融征信模式也作为互联网供应链金融征信模式的一部分。他们认为，互联网供应链金融信贷担保模式主要是核心大型企业的担保，而电子商务信用只能作为金融信贷征信的补充，可以适当为中小企业增信。根据上述分析，互联网供应链金融应该属于传统供应链金融的一个特例，特别是因为互联网供应链金融主要基于电子商务的大数据信息来评估中小企业的征信情况。云蕾（2013）提出了互联网供应链融资的创新分类方式，即非纯交易平台的互联网供应链金融模式和纯交易平台的互联网供应链金融模式：非纯交易平台的供应链金融模式是基于第三方电子商务平台，将第三方电子商务平台的企业作为核心的企业，征信数据来源包括核心企业信用与电子商务平台的大数据信息，如国美商城上的中小型企业自助服务供应链；纯交易平台的互联网供应链融资模式是指基于互联网供应链融资的自营电子商务平台的模式。

互联网供应链中的金融参与者主要包括核心企业、信用企业、物流公司、银行。核心企业是整个供应链中资金流动和物流的信息中心。控制供应链中的财务风险是与银行合作的关键。然而，当核心企业存在道德风险或抵押品的价值超过其债务限额时，将导致更广泛的系统性风险。如果信用企业违约，将影响其与核心企业的正常合作关系。这种安排提高了中小企业的沉没成本，并在一定程度上降低了违约概率。物流企业主要发挥第三方监管的作用。通过掌握仓库、运输、仓外货物的物流信息，可以了解整个供应链上、下游企业的动态，缩短信息收集半径，提高信息的深度和准确性，辅助银行开展仓库收据质押、融资仓储等业务。物流企业借助先进的管理信息系统可以大大降低供应链融资风险，进而提高整个供应链的效率。

互联网供应链金融的积极作用主要体现在以下三个方面：

（1）首先，在国内的融资体系下，对于了解行业的企业来说，为上下游企业开展金融服务无疑是有益的。例如，京东作为核心企业，不仅对整个电子商务行业有较多的了解，而且还能有效解决零供应问题，这大大降低了整个行业供应链的风险。

(2) 供应链金融有利于某一企业在供应链中将风险推向整个行业，即单个不可控风险转化为整体可控风险。与传统的以资产负债表、现金流量表和利润表为核心的财务控制方式相比，供应链财务通过供应链系统和信息为财务活动提供信用增强，并建立了基于供应链管理系统独特定义的运行模式。

(3) 供应链金融具有全流程覆盖的特征，即它并不是基于供应链某一部分，而是涵盖整个供应链的最终消费之前的所有生产和交易过程。通过这种方式，可以提高企业的效率、节约成本和优化资金流，使核心企业与上下游企业关系不易被割裂，从而形成“协同效应”，实现共赢。最后，物流、资金流和信息流三个环节得到整合。

第二节　互联网供应链金融的主要模式

一、京东模式

京东模式通过电子商务平台对交易数据进行风险监测和大数据分析，从而获得分配信用额度并发放信用贷款。该模式的贷款业务可以从供应链中的上、下游公司和消费者身上获得财务利润。因此，当消费者在使用平台贷款用于购买商品时，公司既可以赚取卖家的利润，也可以赚取买家的中间费用，例如京东网站正在接入“京东金融”贷款。在整个交易过程中，建立交易平台的公司是整个交易的核心，不仅掌握了交易情况的大数据，还能有效把握上、下游企业资金流动，是风险的控制者，同时也较为强势。该贷款模式主要服务于直接在网站上进行消费的消费者。

二、门户网站模式

如某些大型钢铁集团利用门户网站优势进行业务拓展，并通过门户网站有效开展互联网供应链金融业务，化解了钢铁贸易企业的短期资金不足问题。另外，如365网站也通过门户网站开设了互联网供应链融资业务，提供住房类贷款服务。近年来，各类门户网站纷纷推出互联网供应链金融服务，为网上平台的各类供应链中小企业提供融资服务。该融资模式通常为公司所属行业中的中小企业提供融资服务，主要体现为门户网站中形成的合同交易贷款。

三、计算机软件公司模式

各类计算机软件公司在关注到互联网金融发展趋势后，也越来越多地参与到互联网供应链金融业务的竞争中，如会计领域的用友网络公司。用友网络公司是ERP管理系统行业领先者，使用其软件的大部分公司已被发展为其互联网供应链金融业务的重要客户，互联网供应链客户公司数量已经达到几千家。大多数计算机软件企业立足于服务供应链中的中小企业，当然也有一些公司服务于供应链中的大型企业，如汉德信息公司。

四、新希望模式

近几年来，新希望集团借助于其在农业领域的产业链资源优势，积极开发和拓展其供应链金融业务，抓住供应链上游和下游产业的特征，为中小企业提供互联网融资渠道，为其提供低利率、便捷、短期的互联网融资服务，从而解决其供应链企业的借贷困难、信息不充分和融资成本过高等问题。其围绕农村互联网供应链金融作文章也得到了国家的重点支持。同时，新希望集团还严格落实网贷行业资金存管要求，避免形成资金池。

第三节　互联网供应链金融监管研究现状

目前，从互联网供应链金融风险相关文献来看，主要研究领域集中在平台的信用风险和操作风险上，且大多数采用的方法为综合指标体系法。黄丹等（2012）从供应链金融交易角度进行了操作风险识别，并建立了互联网供应链金融操作风险的评估指标体系和模型，最后初步制定了控制操作风险的有效策略。王鑫等（2014）通过采用专家评分法，提出了互联网供应链金融的信用风险的评价指标体系和模型。从基于电子商务平台类型的划分角度来看，现有文献将互联网供应链金融分为B2B和B2C两部分开展风险研究。李更等（2014）提出了符合B2C融资需求模式的互联网供应链金融产品，并对其融资风险进行了针对性分析。沈亚庆等（2014）提出了符合B2C融资需求模式的互联网供应链金融产品，并对其融资风险进行了针对性分析。郭菊娥等（2015）运用对比研究等方法，对基于第三方B2B平台的互联网供应链金融模式和操作流程进行了研究，并进行相对应的风险要素分析和测量，最终从5个方面对相关银行的供应链金融风险控制提出了参考建议。徐维莉等（2014）从第三方物流企业的角度出发，在分析电子商务平台互联网供应链优势的基础上，详细阐述了供应链金融服务产品及操作流程，并对其风险进行解释。李卫姣、马汉武等（2011）研究基于B2B的互联网供应链金融的模式和机制等，并进行收益以及风险研究，认为互联网供应链融资是电商平台上的中小企业融资的最有效途径。Zhang Z、Liu X、Zha M等（2008）从商业银行提供金融产品的角度，研究了基于电子商务平台的互联网供应链金融服务的模式和风险。根据上述研究成果，在“互联网+”趋势推动下，互联网供应链金融已逐步迈入成熟阶段。

第四节　互联网供应链金融的风险及防范

一、互联网供应链金融外部风险

（一）宏观经济波动风险

宏观经济的运行是围绕着运动周期进行的，市场走向也是随着经济波动而进行的。因此当宏观经济处于衰退期时，市场需求会大幅减少，互联网供应链金融需求也会受影响。

（二）产业结构调整风险

互联网供应链金融具有垂直行业性等特点，而且专业性较强，也具有较大的风险性和不稳定性。随着产业结构的优化升级，某条供应链提供的产品会面临被淘汰的风险，从而导致金融信用风险和流动性风险。

（三）网络环境不稳定风险

随着互联网的迅速发展，新兴技术在实践中并未充分得到检验，网络黑客和互联网欺诈等问题不时出现。当互联网供应链金融这种新兴金融业态出现时，一方面可能由于软件漏洞修复不及时，给行业造成巨大损失；另一方面，由于存在例如信息被篡改、信息被泄露之类的网络技术问题，也会对该行业造成不良影响。

（四）互联网供应链金融市场乱象

虽然中国人民银行已牵头出台了一些专门规范互联网供应链金融的法规或制度规章，但相关的具有操作性的法规制度较少。此外，某些实体经济的不公平竞争也会影响供应链融资业务开展，例如实体企业提供虚假融资信息等。

二、互联网供应链金融内部风险

（一）单个企业的经营状况风险

供应链由同一生产链上的上、下游生产企业组成，当互联网供应链金融出现时，某个企业内部的机构调整、财务情况和销售状况波动及风控程度和信用程度的降低都会增加供应链金融业务的风险。

（二）供应链整体不协调

随着互联网技术的发展，供应链金融逐步从“链”向“网”发展。随着越来越多的企业享受到供应链融资的好处，供应链融资的风险也随之增加。对应单一企业发展状况的是供应链的整体协调。供应链整体协调性相对较低，企业之间缺乏密切合作。整体供应链目标的不一致会阻碍供应链的发展。此外，供应链投入要素不平衡，上、下游企业差距过大等问题也将影响着供应链资金的融通与流通，影响供应链的健康发展。

（三）人员管理风险

人员管理风险是指：一方面互联网供应链金融需要使用较为先进的网络技术，这对技术人员的专业水平有较高要求；另一方面，由内部人员违约风险产生互联网金融犯罪也较多，如信息欺诈、挪用资金和不当使用资金等。

三、防范互联网供应链金融风险的政策建议

（一）完善相关法律法规，规范市场行为

为规范网上金融市场的发展，2016 年 1 月，中国银监会印发《电子银行业务管理办法》；2014 年 3 月 25 日，最高人民法院、最高人民检察院、公安部印发《关于办理非法集资刑事案件适用法律的若干问题的意见》。此外，互联网供应链金融也没有相关规定。因此，防范互联网供应链金融的风险需要用法律形式尽快明确网络供应链金融的法律地位，有效规范互联网供应链金融的公司治理、准入门槛、业务模式、主要风险防范机制、监督管理和行政处罚措施。在现有法律法规的基础上，应强化动态完善和补充机制，弥补现有互联网金融监管机制的空白，加快国家标准的制定。互联网供应链融资应被尽快纳入社会融资总量统计和监测中。对于可能导致系统性、区域性风险的风险隐患，要坚决划出“红线”和“负面清单”。

（二）加快完善准入和退出机制

应进一步加快完善互联网供应链金融行业的市场准入和退出机制，防止行业征信发展滞后以及违规竞争问题。在准入门槛设置方面，第三方电子商务平台上的公司具有不同的优势和劣势。商业银行在控制贷款总额和总体不良率、信用风险可控的前提下，应从网络平台企业信用、交易频率和信贷额度、供应链的稳定性和企业的整体经营、财务状况等方面对供应链企业进行综合评级。

（三）加强监控预警

在互联网供应链金融业务中，商业银行应成立独立的风险评

级机构，对链上企业进行全面、及时的评估，采用科学的财务管理方法，规范银行会计制度，强化追踪供应链资金的流动方向，有效防控风险。此外，应积极推动与第三方电子商务公司以及物流公司的合作，通过签订规范的合同，在共赢的基础上共享数据信息，加强高效和专业的贷后管理。及时监测、披露或禁止网络平台上的投机行为和违规行为，从而有效减少信用风险以及商业银行的人工和管理成本。同时，作为贷款企业，要加大对互联网风险管理系统的自主研发投入，加快完善企业自身的风险管控系统和科技安全体系，加强密钥管理，切实防止因网站系统被攻击而导致客户数据信息被泄露，给用户造成损失。

（四）大力发挥第三方监督作用

首先，物流企业作为供应链的第三方企业，在互联网供应链金融业务开展中起着非常重要的作用。物流企业信息以及物流业务信息应公开透明，应通过完善准确的物流业务信息来监控整个供应链资金运转的封闭性，从而有效降低风险。其次，引入第三方支付机构合作，这可能增加了企业的财务成本，但是可以无须使用自筹资金以及防止虚假索赔，可通过第三方支付机构的介入来监测投资者的流动资金，确保企业融资资金的流动在严密监测下，这也可以用于判断互联网供应链财务平台是否合理运行。

（五）完善担保机制

引入担保机构可分散银行风险。在互联网供应链金融业务中，应充分利用电子商务平台的融资担保功能，同时也可以积极引进融资担保公司合作，以及探索建立专业的互联网担保机构。同时，商业保险作为提供风险保障的一种重要方式，具有补偿损失和分散风险的两项功能，建立健全机制推动保险机构参与到互联网供应链金融的运作，通过保险产品去对风险进行分析、评估，从而加强整个供应链的风险管理力度。贷款利率的设定是银行风险补偿的最直接手段。最重要的是，商业银行应积极为互联网供应链企业开发合理有效的信用评估模型和制度，完善贷款定价管理制度，提升定价科学性和健全风险控制机制。

（六）防范操作风险

互联网供应链金融业务全程电子化，对管理人员以及业务人员的素质和能力提出了更高的要求。互联网金融机构应持续加强队伍建设，通过明确操作岗位责任、科技能力培训、业务能力竞争等手段，提高相关人员的业务能力，防控操作风险。同时，还可通过完善内控机制、改善业务流程、建立业务考核制度，进一步规范业务、提升效率。此外，互联网金融机构应继续加强公司网络安全技术保障，地方政府金融监管部门也应根据金融服务业发展实际，进一步完善网络安全技术和电子签名监管政策细则。一旦发生网络安全事件，各方能够及时采取措施保护互联网金融机构和相关人员的合法利益。

（七）推进大数据信息市场建设

大数据技术以及大数据市场的发展将对互联网供应链金融的发展起到非常关键的作用。我们需要积极构建一个监管有效的、数据信息丰富的交易市场来满足互联网供应链金融借贷双方的需求。如何有效地管理大数据技术和规范大数据市场发展，保证通过合理、合法、高效的方式使用电子商务平台和互联网金融机构的大数据还需进一步研究。当然，大数据市场应严格按照有关规定合理运行。

（八）积极发挥行业协会的作用

行业协会监管往往比政府金融监管部门采取行政措施更有

效、更有针对性以及更能把握尺度和节奏。目前，我国还未建立专门针对互联网供应链金融行业的协会，互联网供应链金融只是在中国互联网金融协会的指导下工作。国家金融监管部门层面应抓紧推动建立互联网供应链金融行业协会，因为互联网供应链金融作为一个重要的新兴金融业态，其行业的有序发展，必须依赖于行业协会加以规范、引导和推动发展。行业协会作为政府监管的有益补充，将发挥重要作用。

（九）强化风险处置机制

在互联网金融背景下，供应链平台需要由具备风险处置经验、能力、人力和资源的专门部门充当风险处置主体，并通过完善的问责机制避免利益冲突。具体措施包括临时接管风险源；建立完善的预警评价指标体系和应急体系，当指标超过阈值时，发出预警信号，应急系统启动并及时处理风险；建立资产管理实体，剥离不良资产；强制转移资产和负债；建立网上处置和纠纷解决机制，有效快捷地处理风险事件。此外，可探索通过专门的保险或处置基金来提供互联网供应链金融风险处置资金。

结束语

习近平总书记强调，金融是国家重要的核心竞争力，金融安全是国家安全的重要组成部分。互联网金融作为一种重要的新型金融业态，加强对其风险监管至关重要。我们应当积极借鉴发达国家的互联网金融发展和监管理论，立足我国经济金融发展环境，把互联网金融作为践行新型金融监管理念的试验田，积极探索推动金融行业高质量发展和维护金融安全的有益经验。

参考文献

一、学术期刊

[1] 巴曙松，杨彪.第三方支付国际监管研究及借鉴［J］.财政研究，2012（4）：72－75.

[2] 傅彦铭，臧敦刚，戚名钰.P2P网络贷款信用的风险评估［J］.统计与决策，2014（21）：162－165.

[3] 郭菊娥，史金召，王智鑫.基于第三方B2B平台的线上供应链金融模式演进与风险管理研究［J］.商业经济与管理，2014（1）：13－22.

[4] 何德旭，董捷.中国的互联网保险：模式、影响、风险与监管［J］.上海金融，2015（11）：64－67.

[5] 贺强.注意防范金融风险　促进互联网金融健康发展［J］.价格理论与实践，2014（3）：10－12.

[6] 胡滨，杨楷.监管沙盒的应用与启示［J］.中国金融，2017（2）：68－69.

[7] 胡辰.P2B互联网金融风险控制模式及实际应用［J］.财经问题研究，2017（9）：47－53.

[8] 黄震，蒋松成.监管沙盒与互联网金融监管［J］.中国金融，2017（2）：70－71.

[9] 寇宇.我国互联网金融的特殊风险及防范研究［J］.数字化用户，2013（36）：226.

[10] 李琼，吴兴刚.我国互联网保险发展与监管研究［J］.武汉

金融，2015（4）：31－34.

［11］李绪亮. 第三方支付监管问题研究［J］. 现代商业，2007（23）：234－235.

［12］李志杰，李一丁，李付雷. 法定与非法定数字货币的界与发展前景［J］. 清华金融评论，2017（4）：28－31.

［13］路运锋. 信息不对称与第三方支付［J］. 征信，2010，28（5）：14－17.

［14］吕明瑜. 网络银行的风险与法律对策［J］. 金融理论与实践，2004（2）：43－45.

［15］闵应骅. 拜占庭将军问题［J］. 中国传媒科技，2006（3）：35－38.

［16］潘锡泉. 我国 P2P 网贷发展中蕴含的风险及监管思路［J］. 当代经济管理，2015，37（4）：49－53.

［17］彭冰. P2P 网贷与非法集资［J］. 金融监管研究，2014（6）：13－25.

［18］彭湘君. 网络银行的实证经济学分析［J］. 金融与经济，2004（12）：17－18.

［19］钱金叶，杨飞. 中国 P2P 网络借贷的发展现状及前景［J］. 金融论坛，2012（1）：46－51.

［20］饶林，周鹏博. 有效实现第三方支付风险监管的几点建议［J］. 金融理论与实践，2008（9）：110－111.

［21］阮素梅，何浩然，李敬明. P2P 借贷中借款人的违约风险评估——基于“人人贷”数据的实证分析［J］. 经济问题，2017（12）：45－50，99.

［22］宋琳. 基于模糊层次分析法的 P2P 网贷行业风险评估研究［J］. 东岳论丛，2017，38（10）：96－101.

［23］宋威. “现金贷”发展存在的问题及监管建议［J］. 黑龙江金融，2017（7）：56－58.

[24] 孙其博，刘杰，黎彝，等. 物联网：概念、架构与关键技术研究综述 [J]. 北京邮电大学学报，2010，33（3）：1−9.

[25] 王新立，张杨. 网络银行风险界定、识别与管理 [J]. 理论前沿，2007（15）：45−46.

[26] 谢平，邹传伟，刘海二. 互联网金融监管的必要性与核心原则 [J]. 国际金融研究，2014（8）：3−9.

[27] 杨晏忠. 论商业银行供应链金融的风险防范 [J]. 金融管理与研究，2007（11）：52−55.

[28] 尹晓娟. 关于第三方支付平台公信力的思考 [J]. 经济研究参考，2010（23）：70−72.

[29] 张成虎，武博华. 中国 P2P 网络借贷信用风险的测量 [J]. 统计与信息论坛，2017，32（5）：110−115.

[30] Claycomb C，Iyer K，Germain R. Predicting the level of B2B e−commerce in industrial organizations [J]. Industrial Marketing Management，2005，34（3）：221−234.

[31] Diba B T，Grossman H I. Explosive rational bubbles in stock prices [J]. The American Economic Review，1988，78（3）：520−530.

[32] Evans G W. Pitfalls in testing for explosive bubbles in asset prices [J]. The American Economic Review，1991，81（4）：922−930.

[33] Homm U，Breitung J. Testing for speculative bubbles in stock markets：A comparison of alternative methods [J]. Journal of Financial Econometrics，2012，10（1）：198−231.

[34] Kim D J，Song Y I，Braynov S B，et al. A multidimensional trust formation model in B−to−C e−commerce：a conceptual framework and content analyses of academia/practitioner

perspectives [J]. Decision Support Systems, 2005, 40 (2): 143—165.

[35] Lucas R E. Asset prices in an exchange economy [J]. Econometrica, 1978, 46 (6): 1429—1445.

[36] Phillips P C B, Wu Y, Yu J. Explosive behavior in the 1990s nasdaq: When did exuberance escalate asset values? [J]. International Economic Review, 2011, 52 (1): 201—226.

[37] Shiller R J. Do stock prices move too much to be justified by subsequent changes in dividends [J]. American Economic Review, 1981, 71 (3): 421—436.

[38] Stiglitz J E. Symposium on Bubbles [J]. Journal of Economic Perspectives, 1990, 4 (2): 13—18.

[39] West K D. A specification test for speculative bubbles [J]. The Quarterly Journal of Economics, 1987, 102 (3): 553—580.

二、图书

[1] 曹国岭，陈晓华. 互联网金融风险控制 [M]. 北京：人民邮电出版社，2016.

[2] 大数据战略重点实验室. 块数据 3.0：秩序互联网与主权区块链 [M]. 北京：中信出版社，2017.

[3] 井底望天，武源文，赵国栋，等. 区块链与大数据：打造智能经济 [M]. 北京：人民邮电出版社，2017. [4] 李成. 金融监管学 [M]. 北京：高等教育出版社，2007.

[5] 林华. Fintech 与资产证券化 [M]. 北京：中信出版社，2016.

[6] 纳拉亚南，贝努，费尔顿，等. 区块链：技术驱动金融——数字货币与智能合约技术 [M]. 林华，王勇，帅初，等，

译. 北京：中信出版社，2016.

[7] 帕斯奎尔. 黑箱社会：掌控信息和金钱的数据法则 [M]. 赵亚男，译. 北京：中信出版社，2015.

[8] 深圳前海瀚德互联网金融研究院. 区块链金融 [M]. 北京：中信出版社，2016.

[9] 斯万. 区块链：新经济蓝图及导读 [M]. 北京：新星出版社，2016.

[10] 宋华. 供应链金融 [M]. 北京：中国人民大学出版社，2016.

[11] 王博，周朝晖. 如何投资数字货币 [M]. 北京：电子工业出版社，2017.

[12] 网贷天眼研究院. 互联网+供应链金融创新模式 [M]. 北京：中国铁道出版社，2017.

[13] 杨东. 链金有法：区块链商业实践与法律指南 [M]. 北京：北京航空航天大学出版社，2017.

[14] 杨力. 网络银行风险管理 [M]. 上海：上海外语教育出版社，2006.

[15] 张成思. 金融计量学——时间序列分析视角 [M]. 北京：中国人民大学出版社，2012.

三、学位论文

[1] 侯发余. 中国互联网金融的风险及防范 [D]. 沈阳：辽宁大学，2016.

[2] 谢静. 第三方支付风险管理研究 [D]. 昆明：云南大学，2012.